让"中游"的学生游上来

白惠珠 著

华夏出版社
HUAXIA PUBLISHING HOUSE

序言：着眼大多数学生

朱永新

  在学校中，如果按照学习成绩的分布，学生会呈现出纺锤形——拔尖的学生是这个纺锤形的尖头，落后的学生是这个纺锤形的尾部，最为庞大的群体则是这个纺锤形的腰部：成绩中游的学生。这些学生的成绩既不落后，也不靠前；他们也认真听讲，认真做作业，但总是欠缺那么一点火候。他们是一个不稳定的群体，努力一把，有可能冲进上游；懈怠一点，就有可能掉到下游。他们的未来也在优秀与平庸之间摇摆，如果能够充分挖掘他们的潜力，让他们掌握高效的学习方法，在智商之外培养起良好的情商，那么进入上游的行列，成为优秀学生的几率必定大大增加。

  传统的教育方法，更多地提倡抓两头，带中间。这种方法关注的是上游的孩子和下游的孩子，主要途径是防止上游的学生滑下来，促进下游的学生游上去，并且以此激励和调动中游学生的积极性。所以，在许多学校，中游学生是老师们经常"视而不见"的。如此庞大的群体在老师的眼睛里消失了，教育的结果可想而知。

  所以，拿到白惠珠老师的这本书稿的时候，我是怀着好奇的心理阅读的。我想走进她的班级，看看她如何把自己的智慧和激情倾注在自己的班级中；更想知道，她如何看待中游的学生，如何帮助中游的学生，又是如何处理中游学生与上游学生、下游学生的关系。因为，中游学生如何游上来，看似简单的一个问题，实际上蕴含着很多重要的教育哲学命题。比如，如何定义中游的学生？中游到上游的距离有多远？游泳能力如何获得？怎样才是处于上游？分数是否是最重要的考量标准？过去很多教育界人士进行过相关研究，但是成果并不显著，而且缺乏系统化和理论化，其中不乏一些似是而非的东西。

2 让"中游"的学生游上来

中游学生如何游上来？白老师在书中提出了很多非常实用的建议，并且用真实故事作为例子，娓娓道来，说服力很强。她一开始就提出，要相信孩子，用赏识来激发孩子的潜能，让他成为更好的自己，成为有独特个性的自己。接着，她针对学生在学习中经常出现的问题，比如马虎，比如急躁，比如拖延，都提出了行之有效的解决方法。如关于学生中常见的拖拉问题。有父母问白老师："我儿子每天的作业如果我不提醒不催促，他就不知道写，写的时候还磨磨蹭蹭的，抠东摸西的，你说这样下去可怎么办？"这个让很多家长深感头疼的问题，白老师的解决之道是让孩子制订计划，提出明确目标，在规定时间内完成任务。同时要求父母以身作则，说到做到，雷厉风行，给孩子树立良好榜样。让孩子从小养成有计划做事的习惯，不仅对于学习有莫大的益处，对于性格的形成，生活的安排，事业的开拓，都有强大的助力作用，有时候甚至成为很关键的因素。

其实，上游学生绝不是一般人认为的学习成绩好的分数尖子生。多年前我们在研究智力因素与非智力因素的关系时就发现，学生的情感、意志、理想、性格等对智力因素的影响，对学业成绩的影响，是与时俱进的。白老师在实践中也看到了这样的事实：一个真正的上游学生，决不是只会做题的机器，而是高效安排自己的学习，严格自律，抵制无关诱惑，重视各种能力共同发展的优秀学生。

所以，这本书不仅仅告诉你如何从学习成绩上赶上来，而且还强调了良好的心理素质，优秀的品德、习惯、个性，对于一个人成长的重要性。

让中游的学生游上来，最关键的是基于对中游学生的无限期待和信任。这也是我们"新教育实验"的一个重要理念：无限相信教师与学生的潜力。每个人体内都蕴藏着巨大的潜力，这些潜力一旦被开发出来，效果将是惊人的。白老师作为一个长期工作在教学第一线的资深教师，非常了解"教育"这两个字的深刻内涵，她相信学生的潜力，并且知道如何去挖掘这种潜力。

在这本书中我们可以看到，面对不同性格的学生，她采取了不同的方法，让羞怯的人变得勇敢，让骄傲的人学会谦虚，让自卑的人变得自信，让粗心的人学会细心，让每个学生都能从自己身处的位置不断地向上游，到达人生的新高度。所以，不仅是中游的学生往上游，下游的学生往上游，上游的学生也要往上游。我很高兴看到越来越多有责任心的优秀老师，把自己的根深扎在课堂和教室之中，关注和研究教育中出现的各种实实在在的问题，并且为此进行身体力行的探索和研究，这样的研究是鲜活的，是有效的，是值得提倡的。我也希望有更多的老师着眼大多数学生，关注中游学生，研究中游学生。

2012 年 8 月 27 日晨于北京滴石斋

（朱永新：新教育改革发起人。现任全国人大常务委员，民进中央副主席，中国教育学会副会长，苏州大学教授、博士生导师。）

目 录

自 序 /1

第一辑 激励·点拨·谋跨越
——我与女儿的教育故事

1. 给女儿的第一封信 /3
2. 赏识激发潜能 /5
3. 抓住"模糊"不放松 /9
4. 学问，重在问 /12
5. 提前量 /15
6. 排干扰的策略 /17
7. 照镜效应 /21
8. 错题本是个宝贝 /23
9. 孩子"没有"逆反期 /26
10. 学习，只有现在进行时 /29
11. 学习没有重、难点 /32
12. 怎样学好所谓的副科？ /34
13. 在校参加活动多，好不好？ /36
14. 换老师的风波 /39

15. 有计划做事效率高 /43

16. 心甘情愿受这份"罪" /47

17. 爸爸的批评 /52

18. 父母"错误"导致"问题孩子" /55

19. 做一只目标明确的小船 /59

20. 火车上的圣诞节 /61

21. 孩子成长的每个拐点 /65

22. 帮孩子度过成长阶段的适应期 /68

23. "伟大"的学生 /72

24. 友谊与成绩齐飞 /75

25. 每一次批评都是一种提高 /79

26. 有些事情不需要尝试 /81

27. 你是谁的追星族 /84

28. 不在生活上攀比 /86

29. 早恋：黑板上的关键词 /90

30. 《爱与成长》述说成长故事 /93

第二辑　哺育·互动·共成长
——我与学生的教育故事

1. 和学生一起成长的幸福 /99

2. 孩子是家长的一面镜子 /102

3. 孩子写作业，陪与不陪有说法 /104

4. 作文，从写拼音日记开始 /106

5. 怎样面对孩子说谎的"天性" /109

6. 转学对孩子有影响吗？ /112

7. 让孩子有尊严地改正错误 /115

8. 发现家里的钱少了，家长怎么办？ /118

9. 孩子的座位，大人的痛 /121

10. 男生当"孕妇"的奇特体验 /124

11. 平凡中的感动 /127

12. 爱的包裹单 /130

13. 读一本好书，就如同和一个高尚的人谈话 /134

14. 如何让孩子与书交朋友 /137

15. 读出《论语》中的智慧 /140

16. 能力，在活动中振翅高翔 /144

17. 我特懊悔，为什么没有举手呢？ /147

18. 与孩子互换角色 /152

19. 让更多的孩子超越自我 /156

20. 特殊的作业——给妈妈讲课 /159

21. 打开学生的魔力盒 /163

22. 我们的报纸诞生了！ /165

23. 奇观，街头叫卖的报童 /169

24. 阳光少年成了小作家 /174

25. 善"赶"的鸭子易"上架" /178

26. 博客圈和圈子以外 /181

27. 最浪漫的教师节 /185

28. 老师，再见！孩子们，再见！ /189

感谢生活（代后记） /192

自 序

很喜欢法国大雕塑家罗丹说的这句话：什么是雕塑？就是在石料上去掉那些多余的东西。于是，普通的石料在他的手下变成了一件件艺术品。

教育孩子也是这个道理——去掉孩子身上存在的"问题"。去掉孩子性格发展和品质形成过程中表现出的消极因素，孩子的性格就变得阳光、品格就变得优秀；去掉学习上的不良习惯，孩子就变得热爱学习、积极主动、勤奋努力……

老师和家长就是帮助孩子去掉"问题"的人。遗憾的是，不是每个家长都有罗丹的"手法"。

有个女生，文静、乖巧，像只安静的小白兔。我总想让她参与到集体中来，于是下课授意学生去拉她玩，她立刻流露出一副勉为其难的样子。后来再留心，发现她只要是和好朋友单独相处的时候，小嘴巴就能不停地说，脸上的笑容也很灿烂——虽然还是那种静静的浅笑。

我想：原来孩子的性格如此啊，于是放心了。

可是，后来与她妈妈谈过一次话之后，我的想法又改变了。

那是刚接这个班不久的一天下午。放学了，女生的妈妈带着她来到我的办公室。落座之后，她说想了解一下孩子的情况。我说，孩子在学校各方面的表现都挺好，是个让老师喜欢也非常省心的孩子，只是学习成绩还处在中等水平。

家长听了之后，流水一般娓娓地讲道：女儿小时候非常聪明，上幼儿园时就认识很多字，能背好多首古诗；女儿小时候可活泼了，在很多人面前唱歌跳舞都不怯场……最后，家长说："现在她的学习成绩不好跟性格有关。"

2 让"中游"的学生游上来

我下意识地看了女孩一眼，对她笑了笑。

家长接着说：三岁那年，孩子生病发烧需要打针，因为害怕，她在医院哭着要从我怀里挣脱。一个我认识的老护士见了，强行把孩子按趴在她的腿上，用腿夹住孩子的身体，强行褪下了孩子的裤子，孩子惊恐地叫喊着……

我的手做了个下按的动作，让她不要再往下说。

我纳闷：怎么能让孩子重温如此恐怖的场景呢？我一边这样想，一边转向女孩鼓励地说："没事儿，小孩子从小都怕打针。"

可家长依然滔滔不绝："不是没事，对她的影响挺大的。从那以后，她就变了，变得胆怯、内向，并且越来越严重，我真担心她会不会得自闭症。"

我在心里惊呼：太糊涂了，怎么能当着孩子的面这么下定论！我指着门口对女生说："你帮老师个忙吧——到教室看看值日生做完值日了没有？催促他们做完值日赶快离校。"

支走女生，我很严肃地对家长说："请你以后不要再当着孩子的面说这件事了，这只能使她更内向，更不爱与人交流，并且为自己的内向和不自信找托词、找借口。即便真的是这个原因影响了孩子的性格，你应该做的，是想办法淡化它对孩子的影响，而不是强调。"

试想，幼儿时期本来已经不记得的事情，就这样一次次被妈妈唤醒，难怪她平时总是少言寡语。其实，正是妈妈的做法增加了她与人交往时的障碍，进而由性格因素影响到学习……

可是，我失望地发现，我说的这番话并没有引起她的注意和重视。她不以为然地说："没事，这些孩子都知道。"就把话题转到了另外的事上了……

不难看出，女孩妈妈认识到了孩子的问题，也自认为找到了影响孩子性格发展的原因，更觉得自己对孩子的教育很用心——及时找孩子的班主任沟通。却不知，正是她过于"重视"的一味强调，尤其是当着孩子的面一次次揭"伤疤"（我猜测她也对别的人说过）的做法，不但没有打开孩子的心锁，反而使问题扩大化和复杂化。并且，时间越长，孩子越陷入自我、越少参与集体活动、内心的开放度也变得更小……一旦孩子的心理真的出现了问题，还奢谈什么学习成绩提不提高呢？

需要指出的是，这个家长在自己的专业领域还是个成功人士。

相反，有个从小说话口吃的男生，却屡屡在学校和省市各级的演讲比赛中脱颖而出，五年级时，还到北京参加了全国的小学生英语演讲比赛并获奖。

我多次见过口吃男生的父母，可以说，他的父母在平时根本"无视"孩子这一缺陷。无论儿子讲话多慢，妈妈总是边听边点头，等儿子说完，她再接着很自然地往下说。一次，我在校外碰到他们一家三口，妈妈对儿子说："我要向老师夸奖你的好习惯——每天晚上和妈妈一起读书、背诵诗词美文。白老师，他背得又快又流利呢……"

真是个有智慧的妈妈！她的话看似随口一说，其实却很用心：既可以让孩子更好地坚持读背，又在心理上暗示孩子说话流利。

事实正是如此：孩子在不知不觉中改掉了口吃的毛病。更为可喜的是，孩子的自信心也随之增强，在课堂上敢于举手，发言的次数也越来越多了。

我们不妨想想看，男孩的家长真的是"无视"孩子口吃吗？不，他们任何时候都清楚地知道，甚至于内心很着急地盼望有朝一日孩子能够说话正常、不再口吃。但在行动上，他们采取了内紧外松的方法淡化处理，使孩子在宽松没有压力的环境中"忘记"自己的问题，从而"去掉"了问题。信心是动力，久而久之，取得了良好效果——男孩的各科成绩也从班上中游的水平"游"到了上游！可见，在教育孩子方面，家长的认识、能力、方法、技巧多么重要！

说到中游、上游，其实在学生群体中，大部分都是成绩处于中游的学生，优秀生和后进生都只占少数。作为班主任，我从多年的教育经验中得出一个规律，成绩处于中游的学生，是最有希望提高和突破的，也是成绩能够提高最快的。他们一旦突破，潜在的能量会很快激发出来，而且爆发力不可估量。

这也正是很多中游学生的家长"心有不甘"的原因：我的孩子如果真是差到无可救药的地步，我们也认了，可他并不是很差啊！

面对孩子"不算太差"的现状，家长们总抱着让孩子打个翻身仗、从中游争取到上游的希望。

于是我们看到的是：身处中游的学生家长最辛苦。

他们的心理累：想方法、找原因、挖根源，希望找到提高孩子成绩的良方。怕孩子退步、分心，更怕孩子学坏，时时刻刻提高思想警惕，不敢有丝毫放松。

他们的身体累：找老师辅导、陪孩子听课，嘴上不停提醒，行动上紧紧跟进，上学送进校门口，放学接进家里面，生怕哪一个环节有疏漏。

他们急切地问老师："我的孩子挺聪明啊，只要一学就能够提高成绩，可他为什么就是不学呢？"

"我儿子一点不比某某笨，如果用功肯定考得不比某某差。可他就是不用功。"

……

说来奇怪，在与众多家长的交流中，很多中游学生的家长都爱在强调孩子聪明的同时，找出成绩不好的理由：基础差、太贪玩、不肯用功、因为什么事分心了、没有学习方法……而大凡成绩好的学生的家长，见到老师大都爱问孩子还有哪些不足，还有哪些地方需要提高，身上还有哪些缺点需要改正。可以这样说，从家长说的话基本上就能判断出来孩子的学习成绩。

我不排除学生成绩不好有各种原因。但在这里，我只想和家长们分享我的教育心得：想改变孩子，先改变我们。教育孩子，理念和方法一样重要，理念即方向，方向是目标，方法是保障。如果我们的教育手段适合孩子、易于被孩子所接受，那么，处于中游的孩子就可以畅快地"游"到上游——无论是学习成绩、性格品德，还是素质能力，各方面都可以稳步提升！

我的女儿和我许多的学生们，曾经是身处中游的学生，他们都是在后来逐步"发力""游"到上游的！甚至可以说是畅游到了上游！

女儿白雪在小学虽然比较优秀，但并不拔尖，连她自己都说，她最遗憾的事，是小学六年竟没有得过一次"双百分"——在我的班上，每次期末考试得"双百分"的学生何止十名八名啊！初一的时候，她的成绩在班里也不十分突出。但在初二以后，她一路高歌猛进：考上了全市最好的高中；又保送到教育部重点大学；再被国家级新闻单位录用，实现了扎实、稳健的"三级跳"。

朋友和同事们在真诚祝贺的同时，总会探问：白雪太优秀了，你是怎么培养的？他们不断鼓动和"怂恿"我写一本"教女有方"的书："你不但培养了一个优秀的女儿，还教育了一群好学生。凭你既是家长又是老师的身份，你的经验一定更具有操作性，会让很多家长受启发……"

是啊，二十多年来，我倾情扮演着老师和母亲两种角色。有时候，我甚至分不清哪个角色的成分更多——当我把教育女儿的方法用到学生身上，取得了好的效果时，我内心同样拥有母亲般的幸福，这时，我觉得自己是一个老师妈妈；同样，我对女儿也像对学生一样严格要求，很多时候在她面前我扮演的是妈妈老师的角色。

家长朋友们，作为父母，我们都不是拿到"家长学校"的毕业证之后才当父母的，可以说，我们都是"三边家长"——边学、边做、边成长。这一点我深有体会。多年来，我在教育女儿、教育学生的同时，也从他们身上学到了很多。甚至可以说，是女儿和学生促使我不断读书和思考，所以，从某种意义上说，是孩子促进了我的成长。我要感谢女儿，感谢我的学生们！

今天，我愿以一个普通母亲的身份，从一线老师的角度，把我和女儿、我和学生共同成长的过程记录下来，原汁原味地呈现给大家。希望这些"教与学"的真实情境，希望我的思考和感悟，可以给家长一些有迹可循的教育启示。

如果能对更多的母亲和家庭有所帮助，我将感到十分高兴。

只要努力，不，只要努力得法，我相信：我们现阶段处于"中游"的孩子，也一定能够"游"到上游！

第一辑

激励·点拨·谋跨越

我与女儿的教育故事

1. 给女儿的第一封信

在白雪十四岁的时候,她的初中母校搞了一个"14岁集体生日"的活动,这封信就是我送给她这个特殊生日的礼物。

四月下旬的一天,白雪放学回家就高兴地对我说:"何老师要求每位家长给孩子写一封信,庆祝我们的十四岁生日。但信写好后必须先封上口交给老师,等到我们开主题班会时,老师再把信发给我们看。"

我看着白雪说话时兴奋的样子,心里又高兴又羡慕。这真是一种特殊的生日礼物!

"妈妈,同学们都说我很幸运。你猜为什么?"

看我实在猜不出来,白雪说:"老师要同学们推选两位家长参加我们的主题队会,因为你是老师,并且还是我们班很多同学的小学老师,所以呢,你荣幸地成为第一个被选出的家长。第二个选出的,是王易难的爸爸。你们两个要代表所有的家长给我们讲一讲你们当年的十四岁……"

坐在电脑前,我的思绪刹那间像潮水一样涌来,想写的话有很多很多……

我想写白雪成长过程中发生的很多片断,使她懂得:平时爱字不挂嘴边的爸爸妈妈,对她的爱其实有多么细腻;我还想写她三岁时,在外婆家把二姨的戒指埋在树底下,等戒指发芽、开花、长出新戒指的事……让她知道,她的成长带给爸爸妈妈的回忆有多甜蜜;我还想把我平时对她口语式的说教写成文字给她看,以加深她的印象,最好可以"铭记不忘";想写出爸爸妈妈对她的希望,想告诉她关于理想、关于责任、关于学习、关于善良、关于宽容、关于感恩、关于生命的可贵……

一时间,我好像有太多太多的话想对她说。可我是老师,知道班会有时间的限制,有一项一项的议程,就像等待开花的过程一样,需要一个个环节逐一进行,不能因为我的信太长而耽误时间,所以啊,我不能太贪心。于是,我把满腹的话语揉成了下面的千字文。

白雪，我的女儿：

这是妈妈第一次给你写信。你们学校搞的这个"十四岁生日庆贺活动"非常好，使我可以冷静、认真地写封信给你。我想，我们以书信的形式交流思想，对你来说肯定是新鲜的。

虽然，爸爸妈妈天天都在盼着你长大，每隔一段时间都给你量一量身高——看你卧室门后的墙上，身高的刻度一道道离得那么近。但如果从下往上跳着看一看，你长得真快呀！已经从生下来时的60公分长到了现在的1米55……

此刻，我仍然觉得时间过得太快：你刚学会走路的样子像发生在昨天一样清晰，你刚刚学会叫"妈妈"、"爸爸"的声音犹在我的耳边清晰地回响……可是今天，你已经十四岁了。

十四岁，是花一样的金色年华。妈妈希望你每天晚上甜甜入梦，希望你每天早晨笑着醒来。白雪，如果你保持现在的状态：充满热情地积极地对待每一天的工作和学习，那么妈妈相信，你在每一阶段都会有丰硕的收获。多年以后，当你回忆起学生时代，每一年你是怎样度过的你都会清楚地记起。

白雪，你不是问妈妈十四岁时什么样吗？对呀，正像你了解的那样，妈妈和你现在一样正在中学努力学习。现在的你身上有许多我十四岁时的影子：你和妈妈那时一样热情、大方、积极向上。爸爸身上的优点在你身上也体现出许多：计划性强、对人真诚、持之以恒。许多时候，看到热爱学习、认真严谨、不怕困难、乐于助人的品质逐渐成为你性格的一部分时，爸爸妈妈都发自内心地为你的优秀而感到自豪和欣慰。同时，我们还希望你在各方面都能更好地向前迈进一步：

希望你积极热情地对待工作、刻苦努力地搞好学习；

希望你谦虚恭敬地尊重师长、真诚友善地团结同学；

希望你虚心诚恳地接受批评、严格自律地要求自己。

白雪，十四岁至二十岁是金子一样的年龄，希望你在老师和爸爸妈妈的教导下，用头脑去分析思考，用眼睛去观察发现，树立远大思想，锁定目标努力，做一个对社会有用的人，做一个21世纪的新青年！

祝天天进步！快乐成长！

妈妈

2002年4月18日

2. 赏识激发潜能

鼓励是教育的重要手段，赏识使孩子自信。在我们家，经常会对孩子作出"这件事你想得有道理"、"好！怪不得老师要夸你做事认真"等评价。

这种及时的赏识和肯定，可以在心理上强化和巩固孩子"做得好"的意识，让孩子增强自信心和勇气，激发出潜在的能量。

"妈妈说我在很多方面做得相当不错，她说我是属于笑到最后的人。这点使我很吃惊，如此高的评价，对我无疑是极大的鼓励。笑到最后！多么好呀，这是很优秀很难得的品德，是啊，如果能够把它当做我未来的努力目标，那将是我巨大的财富！"

这段话摘自白雪初中的日记，我读完之后久久不能平静。我早已想不起来在何时何地因何事对她作了这样的评价，更没想到对白雪的影响如此巨大。我不禁惊叹：对孩子进行积极正面的鼓励真是太重要了！

白雪刚上初一的时候，有一件事对她的影响很大。

那天，我们在人民路逛街时在某商店遇见一位外国女士。当时白雪很想上前用英语和她交谈以锻炼口语，可又因害羞而不自信，迟疑着不敢上前。我鼓励她，这是一次好机会，是平时在校园里找不到的练习口语的好机会。可她还是犹豫不决。见此情景，我严厉地说她："白雪，对你来说，这是一次勇气和自信心的挑战。不要怕说不好，更不要怕会说错，我相信你一定能战胜自我。"

事后，白雪写了《一次尴尬的对话》来反思这段经历。她明白了应该怎样抓住机遇、锻炼能力、展示自我。

下第一场春雨的那天，我和妈妈在人民路一家商店买衣服时遇到一位外国小姐。她衣着朴素，大约20岁，正站在一排衣架前挑选唐装。潜意识中我料到妈妈会让我"锻炼"一下，由于心虚，我假装没看见，可还是没逃过妈妈的眼睛。

"白雪，跟她用英语会话，展示一下你的水平。"妈妈期待地对我说。

我很不好意思，不知该说什么。这时，妈妈又用不容商量的语气催促道："不要害怕，多好的机会啊。快一点。"

6 让"中游"的学生游上来

我在心里鼓励了一下自己，走上前用英语和她打招呼。

"我可以帮你做点什么吗？你喜欢哪一件？"她眼睛一亮，欣喜地说了句什么，我没听懂。接着她又重复了一遍，可我还没听懂。真糟糕！这第一"回合"就失败，我更没信心了。

我下意识地望了妈妈一眼，妈妈冲我赞赏地点头。我心里一下镇定下来，快速考虑了语法的问题，又问："你来中国多久了？"

"七个月。"

"那么，你在中国干什么呢？"

"老师。"她答道。

"在哪个学校教书呢？"

……

她满意地买下衣服后，店员热情地把她送到门口。这时，我们发现她的雨伞忘在了店门口，于是我拿起来向她追去："老师，这是您的伞。"

……

事后，我多次和白雪共同回忆这次经历，对她最终战胜自我、接受挑战的做法给予了肯定。我这样做的目的是为了强化她及时抓住机会锻炼和提高自己的意识，从而内化为她的素质。事实证明，在今后很多次类似的经历中，白雪的表现都令人满意。

五年后，上高二的白雪用外语采访杨澜，就是一个成功的例子。

2004年8月，著名主持人杨澜来郑州，参加与河南省文化厅合作的"文化河南"大型电视片的新闻发布会。作为《大河报》的小记者，白雪参加了新闻发布会。面对英语专业毕业的杨澜，白雪有意挑战自己——用外语采访！会上，白雪及时捕捉到杨澜"我很关注青少年群体"这句话，并以此话题用英语对她进行了采访。

着杏黄色上衣的杨澜光彩照人，显示出成功女人的干练与气质。此次来郑州，杨澜是来参加与省文化厅合作的"文化河南"大型电视片在阳光卫视的展播活动的。她在新闻发布会上那句"我很关注青少年群体"引起了我的采访兴致，于是，昨天中午，我作为校园记者简单地自我介绍之后，就此话题对她用英语进行了采访。我们用英语开始了愉快的交谈。

"我曾经也是个孩子，我知道那段时光是人生中最珍贵的回忆。而如今，我也有正在上学的孩子。"

"所以您作为曾经花季的母亲,希望每个孩子有一个快乐的童年,是吗?"我想到了杨澜在去年为慈善事业捐献2亿元。

"对啊,你知道现在的孩子接触到很多新鲜事物,连我这个'传媒人'都惊奇。比如说电脑。"

"那也是你为什么提出要关注青少年的原因啦?"

我们都笑了,她笑起来爽朗又平易。

"是。他们更需要了解一些中国古典文化,这对现在的青少年来说是缺乏的,然而却是必要的。"

我谈了现代传媒在文化传播和娱乐生活方面发挥的作用,谈了我也想像她那样先做个北京外国语大学的学生,再从事中西方文化的传播与交流工作……杨澜的眼神很专注,那是一双真诚的让人信任的眼睛,她的脸上写满了笑意。

白雪高二时以"大河报小记者"的身份用英语采访杨澜

听了我的想法,杨澜点头鼓励我:"这是个不会让你后悔的职业,祝你好运。希望多年之后我们会是同行。"

白雪流利的口语、准确的词汇、大方的举止引起了杨澜的兴致，原本安排三分钟的采访进行了十几分钟。在场的文化界人士对白雪的表现给予了充分的肯定和赞赏。8月12日，《杨澜与小记者》发表在《大河报》"小记者"版。

那天采访结束之后，白雪谢绝了留下用餐的挽留，说还要回家复习功课。当时，在场的我心里既感动又感慨：有多少孩子盼着有机会见明星、要签名、吃大餐呀，而白雪却有这种定力，太可贵了！

此刻，我写到这里才发现，在六年前的2004年夏天，杨澜对白雪说的"希望多年之后我们会是同行"的话竟然真的变成了现实——2010年，白雪大学毕业后成为了一名国家级新闻单位的记者。更加富有戏剧性的是，2011年7月23日，白雪因工作到吉林，与同到长春为新书《一问一世界》做签售活动的杨澜邂逅。杨澜在微博中感慨地说："时间真奇妙，见证每个人的成长，见证善意的传递。我是个幸运的人。"

3. 抓住"模糊"不放松

教育从来都不是一家之言。古代的孔子和当代的叶圣陶都有各自的教育观点；前一阵子看吴非的《前方是什么》，其中的思想对我的启发很大；金牌班主任魏书生在教育学生方面更是有独到之处。同样，作为家长，周宏用赏识教育的方法培养出了他优秀的女儿周婷婷，美国"虎妈"蔡美儿用严苛教子的方法同样教育出了两个优秀的女儿……所以，只要是热爱教育的人，只要对孩子的教育用心，就会有自己独特的心得。

在此，我想专门谈谈如何引导白雪补学习成绩短板这个问题。

无论是家长还是老师，都希望孩子的各科学习成绩齐头并进，综合提高。

小学阶段，尤其是低年级阶段，学生的偏科现象不明显。到了五六年级，特别是升入中学以后，数学上有几何、代数，再加上物理、化学，渐渐地有些孩子出现了文理偏科的现象。

一旦出现偏科现象，学生自己会受到困扰，老师和家长也相当头疼。白雪在初中时也遇到了这个难题。在语文方面，无论是阅读还是作文老师都对她很满意。英语方面更是如此。当时她的英语老师规定，每次英语考试凡成绩在97分以上的，平时英语作业可免写。白雪在初中三年里，几乎很少写英语作业。我觉得这种激励办法对她来说挺有效——只要说起来上英语课，她的兴奋度特高："我每天上课都盯着老师听课，生怕有知识会遗漏。每单元的单词总是在听写考试前就背熟了。"

让白雪头疼的是，她的数学成绩不突出，总在中游的位置上下浮动。

有一天，她又谈到了令人苦恼的数学。我问她："一个木桶，由长短不同的七块板组成。这桶水装多装少哪一块板起的作用最大？"

毫无疑问，她知道是最短的那块板。

我说："数学就是你学习上的短板。把这块'板'加长，你的'水桶'里装的'水'就多了。"

"爸爸也告诉过我，这叫木桶理论。"

"对！依妈妈多年的教学经验看，你目前在英语和语文方面，分数上升的空间已经很小了，只要保持这种优势就是最大的胜利。因为这两门都有阅读和作文，你不可能得满分，丢失一两分在情理之中。而在数学上，你还是有潜力可挖的，像你这种 90 分左右的成绩，提高 10 分、15 分是很有可能的，因为满分是 120 分啊。"

"道理上应该是这样的，我们班每次数学测验都有几个得满分的同学。"

我坚定地说道："对呀！那么你的总成绩和排名的突破口，就在数学这块短板上。它提高几分，你的排名就会成几何倍数地往前提。"

"妈妈！哪像你说的那么简单！分数如果真像你说的那么容易提高不就好了吗？"

"是不容易。但是，只要方法对头，也不像你想象的那么难啊。这样吧，拿你的考卷来，找找你为什么会丢分。要学会倒着看分数，把丢分的原因找到。"

她把试卷拿出来："这个地方是我马虎了，本来不该错的。而这道题目我也是应该会的，发下来卷子我一看就知道哪错了……"

白雪分析的丢分原因和很多学生的一样，我的学生里面，像她这样认为的不在少数。但是，在我看来，他们这种分析方法不但不准确，而且简直就是错误的。

我语气坚定地对她说："学习上没有马虎之说，只有会还是不会。"

她不解，也不服。

我举例子："你的名字我让你写，你会写错吗？不会！写多少遍都不会因马虎而出错。但是我让你写别人的名字，你可能就会出错。为什么？不熟练，没有达到真正会的程度。这就是说，真正掌握的知识，你马虎也不会出错，而没有真正掌握的知识你不马虎也可能出错。"

白雪认可了。

"还有，你说试卷发下来你再一看，题目就会做了。这也是你的误区。其实这个知识点对你来讲，并没有真正掌握。就这一道题来说，你的知识概念是模糊的，不清晰的，但是，又并非完全不懂。这，属于你的模糊区域。我这样说你明白吗？"

"不完全明白。"我说得有点像绕口令，她有些不高兴。

"是这样，完全不会的题呢，你再看两遍、三遍、十遍八遍照样不会做。这种情况很好处理，问老师，问同学，就能解决。但是，"我停顿了一下，

"这种你看到打了错号之后才会做的题，却最容易让你丢分，因为它会让你误、以、为、你会了，其实，你没有真、正、会。你想想，是不是这样？"

作为一个老师，我知道，很多优秀学生在学习上难以真正有效突破的关键点，其实就在这种似是而非的题目上面。一旦学生明白了"模糊即不是真正懂、真正会"，他就会以极认真的态度对待这类问题。那么，成绩提高就变得容易了。在教学中，我也不断地对我的学生强调这一点。

解决了这个认识问题，白雪在各科的学习上都"抓住模糊不放松"，学习成绩明显提高。我又进一步总结归纳了怎样补学习成绩短板的"十二字方针"，使她在初中、高中最紧张的学习中，做到了学之有方。

十二字方针，其实就是四句话：问老师、提前量、排干扰、照镜子。

4. 学问，重在问

有疑问要请教老师，这句话我不止一次地给白雪讲过，给我的学生讲过。我说，课堂上老师讲的是浓缩过的精华。首先要听好课；其次，老师最喜欢不懂就问的学生，不耻"上问"是一个优秀的学生应该具备的优秀品质。

在这方面，白雪做得挺好，凡是教过白雪的老师，对她的这一品质都很赞赏。白雪高一时的班主任李俊英是个业务能力强、教学经验丰富的老师，对白雪影响很大。她的语录是：你想提高成绩吗？那就多提问题吧。这句话成了白雪的座右铭。有一次，我正好撞上了她向老师请教问题的场面。

高二的一次家长会，我提前到了——平时守着班上将近八十个学生，很少有时间和白雪的老师联系和沟通。我想趁家长会的机会早到几分钟向班主任了解一下白雪的情况。

推开办公室的门，班主任李旭老师不在。其他老师告诉我：李老师上课去了，马上就下课，先坐下等一会儿。我刚落座，下课铃响了。李老师推门进来，看到我，他一边点头一边把手伸向脸盆去洗。

门又开了，一个女生进来站在老师旁边请教："李老师，我想向您请教一下，刚才您课堂上讲的问题……"我循声看过去，是白雪！几乎同时，她也看到了我，"咦，妈你咋来这么早啊？"然后继续回过头和老师谈话了。

看在我眼里的，是一幅我再熟悉不过的画面。每天都有学生这样向我请教，每天我都这样给学生解惑。我喜欢这样的学生，喜欢这样的情景。那一刻，我真的很感动，为一次不经意地看到的真实而感动。

事后，我不止一次地为自己赶得巧而高兴，白雪平时在学校里是什么样的学习状态，我作为家长是非常想知道却不易知道的，尤其是这种最真实的正在进行时！看着白雪大方的举止、谦逊的语气、认真的态度，我不禁喜上心头。

那天，李老师对白雪的评价更让我放心了："白雪身上具备了一个优秀人才所应具备的很多品质。从她身上，可以得出一个结论，你们对她进行的早期教育相当成功。"

能者为师。我对白雪说:"老师的概念很广,俗话说,三人行,必有我师。所以,你不但要请教老师,也要请教比你强的同龄人,任何方面只要比你优秀的人都可以做你的老师。"天长日久,白雪身上渐渐具备了一种可贵的品质,那就是她发现谁比她优秀,她就会向谁靠拢、向谁学习。所以,从小到大,在白雪的概念里只有互帮互学,没有嫉妒。小学的时候,白雪学段冉的绘画好,学马冰洁的表演强,学刘琦的英语棒,学郭茹冰的综合能力硬……初中的时候,白雪学王洁的刻苦认真、学李伊天的努力用心、学王易难的博学多才、学杨子的开朗豁达……高中的白雪,向廖望学习一丝不苟,向安冬学习独立自主、向崔文学习认真专注、向彭哲学习开拓进取……

在跨入大学校门之前的暑假,白雪报了韩语学习班。她说,大学又是一个新的开始,"打提前量"可以使她在学习上更从容。这个班有十几个学员,有出国前进行语言培训的,也有大学生因为喜欢韩语而利用假期来学的。

记得是刚开学不久的一天,有天晚上放学回家,白雪兴奋地对我说:"妈妈,我不问老师时,我面前围上来一大群人。"

我问怎么回事,她说:"因为每次下课我都去找老师请教,所以我的发音比较标准。今天下课后老师有事走得急,结果,同学们就围着我请教起来。"

"你们都是初学,差别应该不会太大吧?"

"不,差别大多了,有些同学读音很不准。我们现在是初学,除了多读多练之外,还要多多请老师纠正发音,下课之后只要有机会我就会请教老师。"

听了白雪的话,我高兴地说:"两个月之后你到千里之外读大学,妈妈就更放心了。"

有很多孩子不喜欢问老师,遇到这样的情况,做家长的应该很细心地询问一下孩子:是什么原因造成你不去请教老师?是教室或走廊里人多不好意思?是不敢进老师的办公室?是怕同学们取笑自己笨?是怕老师责怪这么简单的题目你都不会?还是自己程度差根本就不知道从哪里问起……

只要打消了孩子内心的顾虑,孩子就会迈出第一步,张开嘴求教的。

我经常对学生讲:"老师就像梯子,有老师的帮助,你会看得更远;老师就像拐棍,有老师的帮助,你会走得更稳。"

面对一届届学生,我经常鼓励他们:"你可以问老师一次问题试试!看

14 让"中游"的学生游上来

老师是不是很高兴回答你的问题,看老师是不是对你的行为很赞赏。"

一定是这样的!孩子发现老师喜欢他的敢问、好问,慢慢地就变得爱请教了,也就会发现问题了。只要孩子在不断地发现问题和解决问题,那么,他在学习上就一定会有进步。而且这个习惯还会无限外延,不但在学习上,在生活中也会如此,由此带来交际能力、表达能力、倾听能力的提高,好处实在是太多了。

所以,鼓励我们的孩子开口吧!

5. 提前量

中国有句古话："凡事预则立，不预则废。"这句话强调的是，我们不管做什么事，如果事先有了充分的准备，就会容易成功，相反，就可能会失败。

"提前量"是我教白雪的一种学习方法，也就是"预习"。我对白雪说，学习上的准备是什么？就是预习，就是"打提前量"。

白雪很小的时候，只要我对她说："自己玩吧，妈妈要备课了。"她马上就会接过我的话，三个字两个字地说："备课，是准备、上课的、意思。"我们非常注意培养她做每件事前都先做好准备的习惯。

白雪喜欢看各种各样有趣生动的故事书和画报，为了她随时随地有书读，我带她出门之前会提醒她说："妈妈带了水壶、饼干和毛巾，还需要带什么呀？"她会说："还要带上故事书。"后来，只要我们外出，无论时间长短，她总是先把书装进她的小包里拎在手上。

在我的印象中，从白雪上了初中之后，"打提前量"的学习方法她运用得越来越好了。

首先，白雪会在寒假、暑假期间，借来下学期的教材先预习（主要是数、理、化，因为理科是她的短板），通过预习，发现哪些是自己较容易理解的知识点和哪些是让自己困惑的难点，以便开学之后"带着问题听课"，集中精力听老师把自己不会的问题讲明白。我们把这种预习叫"大提前"。其次，是每天的"小提前"。这种预习一般是在头天晚上写完作业之后，有时是在上课前的课间。

看到白雪有计划地进行她的学习活动，越来越主动地在学习上"提前走一步"，我就会经常想起著名的教育家叶圣陶先生说的："什么是教育？简单一句话，就是养成良好的习惯。"对白雪来说，她已经从这种"打提前量"的学习方法中收到了事半功倍的学习效果并不断受益。

高中时，白雪在统编的英语教材之外自学了其他英语教程。记得当时她买了全套《新概念英语》及自学导读、教师用书，买了《大学英语1～4级考试词汇手册》及一些听力材料。由于她在英语的学习上打了提前量，在高三的下学期,她就报考了大学英语四六级考试,并一举考过了四级和六级。

　　大学期间,她仍然注重在学习上打提前量。大一的暑假,她对我们说:"有一个学姐在大二就考过了韩语的五级,我也要挑战一下自己。"于是我们看到了进入备战状态的白雪,她先做各种单项训练,再做模拟真题,不会的请教老师……大二一开学,她就报考了韩国语的等级考试,我至今仍能回忆起考试结果公布后她从学校打来电话时的兴奋口气:"妈妈,你和爸爸打开电脑看看吧,输入我的准考证号和姓名,就可以看到我的六级证书啦!"

　　韩国语的等级考试分为初级、中级和高级,每一级中又包含两个等级:一二级属于初级,三四级是中级,五六级属于高级。根据考生的分数线判定你达到了哪一级。比如,白雪当时报考了高级考试,她的考试成绩如果不足70分就是过了五级,如果成绩超过了70分,就是通过了六级。成绩出来后,不但她感到意外,就连老师们也意想不到,她竟然通过了六级考试!通常情况下,六级是大学四年级时才能考过的。老师们说,她大一就考过六级实在令人惊喜!

6. 排干扰的策略

不少人都认为，学生的学习成绩好坏，是智力水平在起着重要作用。我不敢苟同这个观点。作为从教多年的一线老师，我认为，学生在智力方面的差异并不大。那么，是哪些因素造成了学生之间的成绩差异呢？

根据多年的从教经验，再加上与一些同事、家长的交流，我认为，学生的学习成绩好坏，除了性格差异、学习习惯、学习方法、学校、家庭、社会等的因素之外，还跟一个人学习时的心态有很大关系。

一个学生在学习时的心理状态是积极还是消极，直接影响对知识的接受程度。学生在学习过程中只有感到轻松、愉悦，才会专注和严谨，才能有成就感。也就是说，学生只有愿意学，才能学得好。

但是，学习本身是要付出辛苦的，需要专注投入的。当你钻研着数学题时，旁边的同学在说笑，你很难不受干扰；当你在背诵着古文时，客厅里的电视在演着吸引人的电视节目，你也难以无动于衷；你很用功地学了两个月的英语，可考试成绩并不理想，你还能否继续保持对英语的学习热情？开学了，走进教室的不是你熟悉和喜欢的老师，你能否从感情上立刻接受……

以上种种，都会影响到学生的学习心态。对这些干扰学习的因素，我让白雪用三个字来面对：排干扰。

这句话自从白雪上中学后我经常说。

初三时，他们班换了物理老师，因为教学习惯和教学风格和原来的老师相差较大，同学们刚开始不适应，抵触情绪很大。我对白雪说："这就是一个干扰，排除掉，你就胜利了。大家都排除掉，全班的学习效果就会好起来。"

因为我经常对白雪打"思想的预防针"，因此遇到上述情况她都能较快地排除干扰，尽快调整好学习状态。

关于电脑对学习的影响，我曾在"有些事情不需要尝试"一章里写过。当时白雪说："有那么多人对电脑入迷，我也不能保证我不会上瘾。既然这样，我没必要让自己上瘾之后再花工夫戒。"听她说出这样的话，我赞赏她又排除了一个学习上的干扰。白雪爸爸回到家，我还用激动的口气把这事告诉他:"这可是个大干扰啊,谁抵挡得住这个诱惑,谁就是个了不起的人。"

我相信白雪听了这句话,会在思想上强化这种"能排除干扰的人就是个了不起的人"的意识,会在行动上做得更好。

的确,对于有些孩子来说,每当在学习生活中遇到诸如某次考试失利、班里同学这段时间情绪浮躁、身体不适、同学矛盾等问题时,不但情绪会受影响,而且会以此作为自己学习成绩受影响的借口,而白雪却能把这些干扰有效排除掉。她在高一时写了一篇随笔《理智与任性》,其中写到了我们对她的排干扰教育。

从小受爸妈"排干扰"理论的影响,我渐渐成为一个很理智的人,禁得起许多的诱惑:无论是来自物质的,还是精神的,来自男生的还是游戏的,来自闲适的还是来自疯狂的。所有这些,只要我认清楚做与不做之间的孰轻孰重,我就可以控制欲望而选择理智。

理智与感情,看似无情与有情、无义与有义、现实与浪漫,实乃成败之关键。历史上,有许多理智战胜了感情的典型事例。楚汉争霸几春秋?帝业相成谁为寇?曾经金戈铁马驰骋沙场一夫当关万夫莫开的楚霸王,为何落得个韩信萧何反讨故主、红颜知己虞姬自刎帐中的结局?当初险些命丧鸿门俯首帖耳的刘邦何以战胜项羽?项羽是一个热血男儿,性情中人,往往意气用事,而刘邦则总是理智冷静,从不冲动……结果,后人看到的是,在"吾将取而代之"和"大丈夫当如是也"的豪言壮语中,刘邦因理智夺得了天下,而项羽则因事事难以"舍得"而葬送了掌中江山……

愿我们在选择中成长,在成长中理性起来。不为其他,但愿我们都能无悔地朝着梦想奔跑……

令人高兴的是,我把"排干扰"理论讲给了很多朋友的孩子,他们听后都得到了启发,朋友在电话中对我说:"孩子恍然大悟,说心里好像开了一扇窗似的明亮。"

白雪爸爸一个同学的女儿,与从小把她带大的奶奶感情深厚。在她上高中时,奶奶去世了,当时正值她期末考试,父母忍痛让她回校。可是,她人在学校心却还在家里,她因悲痛而看不进任何书。"那天晚上,同学们都在进行考前的复习,而我一个人坐在校园一角伤心。忽然,我想到了白阿姨说的'排干扰'三个字,我想:这不就是干扰吗?再没有哪个干扰能比得上奶奶的离去对我的影响更大了,我要排掉它!我要战胜自己,对得起奶奶的期望，因为奶奶一直希望我学习好，给她争气。想到这，我的心真的一下子变得平静了，复习资料上的字变得清晰了。我为自己有了排干扰的能力而高兴。并且，"这孩子用清澈的眼睛看着我说，"从那以后，任何干扰，只要我想排，都能排除掉。"

那天，听孩子讲着她的排干扰经历，我又感动又兴奋。我为这个孩子用强大的意志力排除了干扰而感动，也为自己帮助一个孩子度过了她人生中最痛苦的时刻而兴奋不已。

我有个医生朋友，她的女儿悠悠在初中时看电视入迷，一百多集的韩剧她天天看。朋友说："每天晚上十点以后才开始演，我能让她看吗？第二天还上不上学？上学了还怎么听课？可她不听，等我们卧室的灯熄了，等我们睡着了，她再把电视机打开，调成静音状态。你想想，盯着屏幕看字幕多毁眼睛啊。"

看朋友着急的样子，我说了我对孩子迷恋电视的看法："韩剧的剧情轻松，节奏缓慢，孩子迷恋它可能跟学习上的压力过大有关，也可能是在学习上遇到了困难。这时候，你不应该一味地批评，而应该冷静地分析原因，理解孩子面临的困难，真正说到她的内心里面，让她戒除这个电视瘾。"

我对朋友说了"排干扰"理论："你试试看，我相信你把道理给悠悠讲透了，她也会排除这个干扰，把心思用到学习上的。"

没想到朋友对我说："身体上的病我治行，心里的病啊，还是你这个灵魂的工程师给她治吧。"

到了周末，我和白雪约她们母女在校园里打羽毛球。休息时，我和悠悠、白雪聊天，从孩子们的喜好开始说起，谈到了韩剧。

我说："啊，韩剧是好看，但是节奏太慢了，我估计像你和白雪这种对学习时间抓得紧的好学生不会喜欢的。太耽误事儿了，是不是？如果赶到周末的话，看一两集还可以。"

谈话一开始，我没有问悠悠看不看电视剧，我权当不知道她看。并且，我说她是一个对学习时间抓得紧的好学生，肯定地说她不会喜欢看韩剧。之所以对她作出这种正面的判断，是我相信这样的话不但能起到"我在别人眼中是个这样的人啊"的提醒作用，更能起到"我要把坏习惯改掉，保持自己在别人眼中的光辉形象"的激励作用。

在平时的教学中也是如此。其实，对一些善于自省的学生来讲，他犯错误的时候，根本无须老师的批评。一句肯定他的话，足以起到提醒和批评的效果，因为他把自己在老师或别人心目中的形象看得很重。工作中，我用这种不批评的策略，使一个个学生自觉、自律，使班级的集体荣誉感增强，班风积极向上。

　　看着悠悠若有所思的样子，我接着说："阿姨曾给学生也给白雪算过一笔账，每天看两集《还珠格格》，一周下来就是十集，看完四十集之后，就要面临一个月后的月考了。如果是韩剧就更不得了，等它一百二十集的电视连续剧演完，咱们的一学期也就结束了。你们同学没算过这笔账吧？"

　　"没有……"

　　我接着她的话又追问一句："能猜出他们听了什么反应吗？"

　　她眼睛一边转，一边摇头。

　　我笑了，边笑边说："有的学生说，太可怕了，考试肯定玩儿完。有的说，老师！我后背发凉，今后再也不看了。"

　　悠悠不好意思地也笑了，我接着说："悠悠，你把这笔账算给你的同学听一听，大家也会觉醒的，肯定能自觉排除这个学习上的大干扰。它耽误的并不仅仅是看电视的时间，因为你看后还要想剧情啊，你们到一起还要议论啊。太耽误事儿了，是不是？"

　　悠悠抿着嘴唇重重地点了下头。我又进一步说："不过，看电视剧的同学也有收获，最起码他明白：观众喜爱电视剧，说明演员演得好，说明他们对待工作很认真、很敬业、很努力、很勤奋、一丝不苟……"

　　我连着用了几个形容词，然后对她们说："知道吗？有时候，一个镜头他们要拍摄几十次甚至上百次才会满意，怎么会不被大家喜欢呢？你们呢，是学生，那就要在学习上认真、努力、勤奋、坚持、一丝不苟，做个成绩突出的好学生。对不对啊？"

　　朋友说，那天之后，孩子除了看新闻和访谈类的节目，再也不看长长的电视连续剧了。

7. 照镜效应

在白雪上初中和高中这几年，我经常对她说"照镜子"这三个字。

我说："要想脸儿干净，每天早晨洗脸时要照镜子。要想性格好，就要认真对待别人的意见和批评。而要想学习成绩优秀，就要认真对照试卷这面镜子。试卷是一面镜子，能照出你在学习上存在的问题，小到一道题，大到学习方法和学习态度。"

有一次，白雪下午放学回到家，拿出下午做的两张历史试卷给我看，有两道题错了，她没看清题目就把自己的理解写上了。题目明明要求写出"独立战争胜利的原因"，她却写成了"独立战争独立的原因"。

我指着试卷问她："今天这张历史试卷就是一面镜子，你照见什么了？"

"我审题不认真，太马虎了。"

"你只说对了一半。审题目不认真是从这道错题看到的第一层含义，妈妈却在思考更深一层的含义：你是否是一个成熟的学生。一个成熟的学生会不审清题目而下笔吗？所以，你应该好好对着历史试卷这面镜子，思考一下：怎样才能成为一个更加成熟的学生。"

还有一次，放学回家白雪就对我说，这次语文试卷上她有一道阅读题目被扣分了。题目中让找出间接描写风的句子，因为找不到，她把一句自己明知不对的句子抄上了。"考场上写的时候我就知道，写也是白写，肯定不对。"

我一听很生气：这不明显是抱侥幸心理嘛，知道不对怎么还写？便让她分析：什么心理支配你这样做？为什么明知不对还硬往上写呢？

她说："侥幸。既然找不到对的，随便写一个，万一撞对了呢？"

万一？撞？这是什么话！

沉默了一会儿，我说："白雪，从你今天这张试卷上，从你刚才的话里，妈妈又看到了镜子里你的一个污点。"

白雪急了："不就是侥幸吗？难道我说的不对？"

"你说得对，是侥幸。但是，认识到这一点还不够，我想告诉你的是，学习也是认识自我、战胜自我、完善自我的过程。"

"妈妈，你太小题大做了！又上纲上线！"白雪责怪我。

"好，我说得通俗一点吧。你今天通过试卷，认识到自己在做事时抱有侥幸的心理，这仅仅是第一步；如果你今后做事情，通过努力改正了缺点，你就战胜了自我，这就是第二步；这样努力下去，你的各种能力都会提高，你的缺点越来越少，不是完善了自我吗？这，才是第三步。对不对呢？"

"你妈说得好！条理分明、通俗易懂。"爸爸及时点评，"只有希望完善自我的人，才能有改正错误的勇气和决心，而改正错误和缺点这件事本身，就是在完善自己。"

"给白老师鼓掌！给爸爸鼓掌！"看来，这段话她听明白了，站起来冲我们俩拍手。

"再说一句，白雪同学，请记住：人是 100 分，考试才会得 100 分；人是 80 分，考试肯定 80 分。人不严谨，考试一定出错！不出错才是侥幸。"

现在的白雪，不但自己会经常用照镜子的方法修正自己，还把这个观点讲给弟弟妹妹们听。

大学期间，有一次放寒假，我同学带着她女儿欢欢来家里玩。欢欢上初三了，我听到白雪对她说："你要学会照试卷这面镜子。我说的照镜子不是欣赏自己得了多少分，而是为了发现丢分的原因，找到问题。比如，你考了 83 分，就说明你还有 17 分的问题没有解决，还有 17 分的知识没有掌握。这 17 分就是你需要改正和努力的地方……试卷是你学习情况最真实的反映，试卷上你得多少分，就说明你是多少分的水平。所以说，每门功课的试卷和作业都是一面镜子，你要经常照，照一次就会发现一点问题，把一点点的问题解决了，镜子里的自己就越来越完美了……"

我在旁边听着，不由得心里偷偷高兴：我的思想有接班人了。

8. 错题本是个宝贝

"还有一项作业，请同学们回家后把试卷上的错题整理到你的——"

"宝贝本上！"学生们高兴地喊道。

他们说的宝贝本，其实就是错题本，或者纠错本。

对于学生错别字的纠正，相信每位老师都是处理得非常及时的。即便如此，家长和老师还是弄不懂：为什么孩子的错别字那么难纠正过来？为什么我刚刚讲过的题他还做错……怎么说呢？排除第一印象深刻的因素，排除遗忘有规律性的因素之外，及时的订正不可或缺，多次的巩固和练习也非常重要。使用错题本就是巩固的好方法。

白雪上小学的时候，学习成绩并不十分优秀，用她的话说：我最大的遗憾之一，就是在小学没有得过一次双百分。想想也是，她这成绩放在我的班里面一点也不突出，我的学生们很多都比她强。尤其在小学一二年级，得双百分是不难的呀，哪个班没有几十个呢，就是语数外得三个一百分的也不在少数啊。可见她是个很普通的中游学生。

为了纠正她的错别字和错题，我让她"和错误交朋友"——建立错题本。除了及时在作业上订正错字错题之外，定期再把这些出错的内容汇总到错题本上，让她在整理的过程中加深印象。

我说："白雪，今天的作业你因为写错了一个字，没有得到'小红花'，心里很遗憾吧？你为什么会写错呢？原因是你没看清楚字形。就好比你见过而没记清五官的人一样，下次见面难免认错。怎么办呢？和错字交朋友。多端详端详字的样子，记清楚它的偏旁、结构、笔画，让它变成你的老熟人，变成你的好朋友，这样你还会再写错吗？对待数学上的错题也是这样……"

我们这样要求她，并不是我们在意她考没考满分，而是在意她失分的原因，在意她对知识是否真正掌握。我们更关注的是白雪的学习目标、学习能力、学习态度、学习方法和学习兴趣等。带着问题学习，把不会的知识学会，得一百分是自然和容易的事。

很高兴这个方法与老师的要求一致。白雪在小学五六年级时，她的两任语文老师兼班主任——刘环吾老师和王瑛老师都非常注重让学生整理和汇总，初中各科的老师也强调错题的归类整理，每周、每月都把整理当成一项重要的作业布置给学生。这样一来，白雪对待错题本的态度更积极和认真了，她分门别类地把每一门功课中出错的题、不会的题、典型的题，都集中在错题本上，并做上不同的标记，以便及时弄懂和复习。几年坚持下来，白雪每门功课的出错率都大大减少，成绩也越来越好。初中的时候，她每次的考试成绩都在班级前五名之内，最好的一次是年级第三名。

白雪在高中是寄宿，我们每周见面的时间不足 24 小时——周六下午六点到家，周日下午六点前就要赶到学校。所以，除去睡觉洗澡写作业，我们交流的时间很有限。尽管如此，我们还是保持着多年来的习惯，在饭桌上交流，谈学校、谈老师、谈同学、谈学习。

我强调她要继续持之以恒地用好错题本，我说："你要和错误经常"见面"，从错误中总结出自己的知识盲点，消灭模糊，改正错误。整理和改正错误的过程不仅是对知识的积累，而且可以为你以后的复习提供很大帮助。"

白雪虽然认同我的意见，但在操作中也曾手忙脚乱。她分门别类地为每一科都建一个错题本，结果呢，好几个错题本使用起来并不方便。有时候，回到寝室想和同学讨论一道题，本子却忘在了教室；有时候与老师打照面想要请教，却因为本子不在手里说不清题目而遗憾。我听她说了这些细节，马上让她调整。我说，虽然你的出发点是想更有条理更明晰，但不便于应用就是最大的缺点，你不妨把各科的错题难题都汇总在一个本子当中。白雪听从了我的建议。后来，白雪对我说，她感觉这样做解决问题比原来及时多了。

我也要求学生用错题本。记得第一次让他们和错误交朋友时，他们脸上写满吃惊和疑问。有个学生说："才不和它交朋友呢，我没得一百分全怪它。"他的话把大家逗笑了。我说："错字也有小脾气呀，你不理它，它也不理你，下次写作业或考试时还会给你捣乱，你还是会写错，怎么办呢？"我把脸转向大家，继续说："你喜欢错误，和错误交朋友，平时多看它多练它，就会掌握它。这样你以后还会再错吗？所以说，错题本就是你的宝贝本。"

明白了这个道理，学生们愉快地接受了我的建议。后来，记得是 2008 年，我在《课外阅读》上看到了一篇《别浪费失败》的文章，作者杨传良在高考时数学考了全县第一，当时 120 分的数学卷子他得了 118 分。老师让他谈成功的经验时，他拿出了他的 16 本错题集。那 16 本错题集囊括了他初中三年所有出错的数学题。正是由于他把这 16 本错题集里的题做熟了，他才在考场上面对4张数学考卷时,感觉"那些题目就像是老朋友一样向我热情地微笑"。

我把这篇文章读给学生听,加深他们对错题本作用的认识。

这种建立错题集的做法很多学生并不陌生,也试着做过,但是存在什么问题呢?没有坚持做下去。

有不少学生坚持一段时间之后,会因为嫌抄题、整理太麻烦而中断。所以,老师和家长要及时地肯定孩子的做法,鼓励和提醒他们继续用好错题本。真正坚持做的人都会受益匪浅。不信我们可以在每年的中招、高考结束后一些状元、高分者谈学习经验和体会时了解到,这些优秀学生中有不少人都谈到错题本对他们在提升学习成绩方面的帮助。可以说,错题本是最具共性的秘诀之一。

让我们珍惜错误吧,我们甚至可以说,成功是离不开错误的,正是因为改正了错误,我们才得以不断进步和提高,人生才显得更加美丽。

9. 孩子"没有"逆反期

中学生都有心理逆反期？家长说有，老师说有，从生理和心理的双重角度讲，有。

可我认为，中学生的心理逆反，很大程度上是由父母造成或加重的。如果家长和老师引导得当，是可以做到让孩子"没有"逆反期的。

想想，孩子们在小时候，个个活泼可爱而听话，他们本不逆反，可为什么到了青春期绝大多数孩子都会顶撞、疏远父母，不愿意和父母家人交流了呢？经常有家长奇怪地问我：正在和同学侃侃而谈的女儿，看到我怎么突然住口失声了呢？我的孩子回到家里，一顿饭吃下来也听不见他吱一声……

在孩子眼里，最亲近的爸爸妈妈怎么就成了要提防的人了呢？

答案其实很简单：家长不懂孩子的心理。

有少部分家长觉得"树大自然直"，认为孩子不需要管理，慢慢就会开窍。

也有为数不少的家长认为孩子需要管，但他们管的时候没有计划，时松时紧。刚开学时过问孩子会勤一些，哪天心情好了就问一句，如果某天接了老师的电话，或者看到了孩子成绩单上的分数，又会再管一阵。

还有一类家长，对孩子太过关心。从孩子的生活到学习，事无巨细全都管。尤其在对待孩子学习的问题上，十分较劲。看着孩子写作业，陪着孩子背单词、做习题，发现任何错误，立即给予纠正……一般来说，这样的孩子小时候缺乏自觉性，长大以后会叛逆，在青春期易和家长对着干。

有一次，我见一个家长在校门口批评孩子不写作业："你说，我给你说了多少遍了？你为什么总是记不住呢？你说你这脑袋瓜到底是怎么长的，成天都想点啥？光想着吃炸鸡翅吃红烧肉了？我告诉你，今天晚上写不完作业不准吃！"

"不吃就不吃！有啥了不起！"孩子一脸无所谓地顶嘴。

抱怨、谩骂是家长自己情绪的发泄，并不能解决问题。且不说在校门口当着那么多人教育孩子，让孩子没有自尊，即便是在家里关起门来，你这样劈头盖脸机关枪似的，他心里能不烦吗？能对你不抵触吗？更何况，这话不知孩子已经听了多少遍呢。

　　家长要做的，是从行动上教给孩子正确的方法，心平气和地告诉孩子怎样补救自己的过失。之后，让孩子总结出这次的教训，下决心避免以后再次出现类似的错误。

　　还有的家长平时自己喝酒上网打牌，对孩子不管不问，一旦接到老师的电话或短信立马把孩子打一顿，孩子心里会服气吗？

　　也有的家长天天抱怨工作劳累不想干活，却要求孩子刻苦读书不怕累，孩子在行动上能不打折扣吗？

　　更多的家长，不注意说话的场合和分寸，在饭桌上口无遮拦，当着孩子的面议论社会丑陋现象、家长里短，任何事情不经筛选张口就说，回头又责骂孩子学习时精力不集中……

　　类似的现象太多了。

　　每当看到这样的家长，我心中就很着急：家长朋友啊，孩子和你在一起怎么会不逆反呢？在孩子的眼中，他长大了，可是爸爸妈妈的教育水平却始终是这么高！父母口中说出来的话，总是他从小到大听了无数遍的"老话"！他心里对你不服气——你会发现，从你张口批评他第一句开始，他就皱眉头，接着就是顶嘴、吵闹，甚至摔门、离家……

　　从生理上讲，十二三岁青春期的孩子，正处于独立意识和自我意识日益增强的时期，他们觉得自己已经长大，希望周围的人不再把自己当成小孩子。他们从心理上渴望独立，尤其想摆脱父母和老师的监护和束缚。

　　可是，很多家长不清楚孩子这个心理发展的轨迹，对待孩子的行为方式仍然是孩子从小到大熟悉得不能再熟悉的方式：吵、骂、打三步曲。就像上面那个挨骂的孩子，他妈妈说的"没有水平"的话他一定听过很多遍了，他心理上对这种重复的说教早就倦怠、厌烦、抵触了，所以在行动上才会表现出"你要求我这样，我偏那样"，与家长、老师对着干。

　　一旦家长和孩子的关系变为对立的关系，就谈不上什么家庭教育效果了。

　　所以，我想对家长朋友说句心里话：我们得给孩子提供精神营养。尤其是青春期的孩子，他们喝"生命1号"不重要，知道你懂他最重要。简单地说，就是家长对孩子的理解、与孩子的沟通水平跟得上孩子心理成长的步伐。要知道，一次痛快淋漓的沟通往往会让孩子放下包袱，轻装开始下一阶段的学习竞争；一次心与心的交流往往会让孩子有加满了油、充足了电的振奋感，这种感觉会让他在学习中自觉、主动、刻苦、勤奋，而不需家长催促加压。

我个人就经常会有这种感觉：如果哪一次学生的思想工作做得效果好，哪一次与女儿的沟通尤其顺利，回头想一想，正是因为说出的话打动了孩子的心。这时我不断学习的意识就变得更强烈了，以期自己的教育能力再提高。回顾二十四年来女儿的成长过程，可以说，伴随着白雪的成长，我也在成长；伴随着一届届学生的进步，我也在进步。

所以我觉得，教育孩子也是需要学习的。

这种观点，我和同事交流，他们也很认同；与家长们交流，他们也觉得很受启发。看起来，"老师有一桶水才能给学生一碗水"的道理用在家长身上同样合适。

作为父母，我们有必要为了孩子的健康成长，哪怕是为了与孩子们和谐相处，做些储备，以备孩子的成长之需。

有了这方面的知识储备，就可以做到让孩子"没有"逆反期。

10. 学习，只有现在进行时

初三开学前，学校进行了二试。

二试，即第二次考试，第一次指的是放假前的期末考试。郑州八中在每次放寒假、暑假前，都会给学生强调：假期结束后，到学校先考试再上课。考试内容百分之九十是本学期的知识，还有百分之十属于下学期的新知识。学校这样做是为了让学生在假期不放松，既复习也预习。

公布成绩那天，白雪放学回家就冲正在厨房做饭的我们问："猜我数学多少分？"听她口气挺高兴，但不是兴奋；口气挺满意，但又不算激动万分。我先表态说："猜不着。"

"多少？你说吧。"爸爸催她。

"132分，班上第五名。还是王洁最高，147分。"

又是王洁！这孩子真踏实，真严谨。

白雪说，这学期，她的目标仍然是向王洁看齐，与她互相学习、共同进步。

我说这样很好，建议她找找两人分数悬殊的原因在哪儿。

白雪说："外表看来没什么不一样，都是一样地上课认真听讲、按时交作业，下课讨论问题、不懂就问……"

我说："我有一种看法，说出来你想想我说得对不对。"

"好，你说。"

"我觉得你在学习中，有一种把问题留到以后解决的思想，正是这种指望着将来解决问题的思想造成了你俩的成绩悬殊。比如你遇到不会的问题时会想，'这个题不会没关系，明天解决吧，以后再解决吧，到复习时再解决吧'，而不是发现问题了及时解决、当下解决、现在就解决。"

我边说边观察白雪的反应，见她垂着眼睛思考的样子，我接着说："而王洁呢？我想，可能她不存在这种心理。她应该是把握现在、抓住现在不放的人。也就是说，学习中不存在将来，只有现在。或者，"我停顿了一下，"这样说吧，学习永远是现在进行时，做好了现在就会拥有将来。我这样说你懂吗？"

见白雪点头认同，我强调说："抓住现在的人，就是拥抱明天的人。所以，要注重在平时排除隐患、夯实根基。你看马路上下陷的路面，你看人行道上下陷的路砖，你回想一下冬天的黄河路上，某一段路上冒出的白烟……这些现象的发生都是工人在施工中存有侥幸心理而导致的。如果当时每一个环节都一丝不苟的话，这些现象便不可能发生了。"

我指着桌上的考卷："同样的道理，你在学习上也不能放过任何一个地方，不能轻视任何一个环节。比如这次考试中，有两个2分的题目和一个7分的题目，都在可错可不错之间，这就是你的模糊区域。如果你在考试前发现并解决了的话，不就又多了11分吗？"

白雪接着我的话解释，有时候，她并不是有意要把发现的问题放下不去解决。

"我正在集中精力学习，如果随时发现不会的问题，随时就停下来的话，我怕耽误和影响后面的学习效果，所以暂时搁下了。"

"暂时搁下是可以的，但是一定要标上记号，或者单独列出来，以便随时随地向人请教。"

"是，少数时候我是这样做的，可好多时候却忘记做记号了。结果呢，当我有机会、有时间请教别人的时候，打开书却翻来翻去找不着题了。看来，我得好好利用我的错题本啊。"白雪挺后悔的样子。每当她认为对方的话有道理时，态度总是很诚恳。

白雪转身要回她的房间了。我对白雪爸爸说："我真高兴，白雪在学习方法上又有了改进，她越来越会学习了。"

"好啊，相信白雪会坚持做下去，她一定还会有大进步。"

我们两个这番话是故意说给白雪听的。对孩子来说，这种间接表扬的方式比当面直接的表扬效果更好。当孩子在不经意间听到或感觉到自己的努力让父母这么开心的时候，他会感觉这种表扬"货真价实"，内心便会涌出一种动力：我要做得更好，让父母为我更加开心。

间接表扬的方法我们在白雪成长的过程中经常用，并且，越用越自如，越用白雪越进步、越努力。

我把这种方法也给很多家长和朋友推广过，他们用了之后都反映效果很好。

有个朋友的女儿上四年级，对英语老师布置的每天听英语这项作业老是不主动去完成。她用了我的间接表扬的方法后，有一天给我打电话说："真是太灵了。平时西西总是在该上英语课时，才打开复读机听一遍英语。你给我传授经验之后，我当天晚上就给她姥姥打电话了。西西正在里屋看书，我对姥姥说，现在西西进步了，作业写得又快又好，听英语也主动了。结果，孩子第二天早晨起床后第一件事就是打开复读机。"

真希望更多的孩子在这种策略中不断进步。

11. 学习没有重、难点

对她的作业和试卷中出现的部分错题，白雪的解释是："这是难点，老师也是这样对我们强调的。"

她的言外之意是：因为难，允许错。

我不以为然："学习没有难和易，只有会和不会。"

白雪反驳我，并搬出老师来压我："老师一再强调学习中有重点和难点，你为什么说没有？"

"你别急，听我慢慢说嘛。"我用手做了个向下按的动作，示意她不要激动，"易和难是相对的。同一个问题，对你来说不是重点也不是难点，对我的学生来说肯定是难点。为什么？很简单，你会了，他们还没有学过。而同样的问题对你来说是难点，对于王洁来说就不是难点，相反还挺容易。这又为什么？你不会，她会了呗！道理就是这么简单：会者不难，难者不会。想想是不是这个理儿？"

沉默了片刻，白雪点头重重地"嗯"了一声说："有道理。"

这次谈话之后，在她桌子的台灯柱上竖起了一张小纸条，上面写着这样几句话。

2001.9.1

虽然老师强调抓重点和难点，但是，如果我学得很好很透的话，重点和难点也会不存在的。我只要在学习的过程中解决了重点和难点，那么必然会觉得学起来容易和轻松。

初中和高中，对一个学生来讲是最关键最辛苦的六年。面对中考和高考，面对一门门功课、一张张考卷，学生的压力真的太大了。回忆白雪这一时期紧张的学习状态，无论什么时候想起我都心生感慨和敬畏。课堂如战场，吃饭叫奔饭，周考、月考、期中考、期末考……真如大家戏称的那样：都快被考糊了。

怎样提高白雪的学习效率，让她站在一定的高度上对知识进行学习和梳理，做到心中有数、不打糊涂仗呢？

让她找出学习上的难点、重点不放过是关键。

初二期末考试结束之后，我借着她的一张语文试卷，和她开始了关于重点和难点的谈话，我要让她尽早明白这个道理。

我对她说："白雪，下学期你要上初三了，初三的知识对你来说全是难点，因为你没学过。初一初二有一部分的难点，因为你可能有遗忘现象。而小学的东西呢？对你来说没有难点，因为你都会了。我说的对不对？"

"嗯，我想到了这次语文试卷上的一道阅读题目，里面全是高科技领域的术语，我当时读第一遍后感觉什么都没读懂，这个专业的东西对我来说就是大难点。"

看白雪理解了，我安慰她说："如果真的是这种超出了理解范围的题不会做，被扣了分是情有可原的。但是，这篇文章并不属于做不出来的难题啊。"

"我觉得现在读起来也不是那么难懂了，它不就是一篇科普性的文章吗？"

"是啊，它的专业性并不是特别强。我认为，可能是在考场上你没有足够的耐心。如果能多读两遍的话，可能就懂了，就做对了。"

"妈妈你太神了！我当时就是没耐心。你想啊，一遍读完后啥都没读出来，谁不急？我一下就急了，光想快点找着哪一句是答案马上填上去。"

她的样子把我逗笑了："你这是急于求成。结果呢？欲速则不达。"

"可我又怕多读耽误时间，影响到后面的题。"

"你这样想很好啊，考试时就是要先做会的题目，老师每次考试前都对学生这样交代啊。我说的是，假如还有时间的话，你可以回头再读、再研究、再分析。"

这以后，白雪又进一步理解了什么是难点，知道在考场上、在情急之中遇到的难点通过自己的耐心就容易攻克。

我记得那天我对白雪说的最后一句话是："你不是想当跑在前面的人吗？那你就把每一个不会的知识当做难点，当做重点来学吧，学会了就不存在重点和难点了，你也就是那个跑在前面的人了。"

白雪按照这种思路开始了学习：写作业时，遇到问题及时向书本请教，和同学探讨；复习时，把历次考卷上的错题再一次汇总，分析原因，把不会的问题当做重点、难点认真对待。几个月后的期末考试，白雪尝到了甜头。

那天她满脸洋溢着笑容跨入家门。这次考试她跃升班级第二名，在全年级排名第二十四。

12. 怎样学好所谓的副科?

白雪刚上初中的时候，有一次谈话我记得很清楚，是关于主科、副科的。

那天，在饭桌上，白雪说："我们总共开设了九门功课，我计划把我的主要精力放在语数外三门主科上，如果还有余力我再攻副科。"

我一听，这观点可要不得。

长期以来，业内流行把中小学生的必修科目分为"主科"与"副科"。有相当多的学生和家长，甚至于一些老师，也经常给学生强调："你们只要把主科学好就OK，副科不用下太多工夫，考试前突击突击就行了。"但是，我作为一个小学的班主任，作为一个中学生的母亲，不但不这样认为，而且完全反对这种观点。

我觉得，无论是为了孩子个人的成长，还是为了国家未来的人才培养，我们都不应该这样功利，不应该这样短视，这样不负责任。一个人的学习并不单单是为了应付几次考试，而是为了更全面地成长。对一个人漫长的一生来说，中小学时期所接受的教育是非常重要的。既然重要，就不分主副。我们不妨扪心自问：成长分主科、副科吗？人生分主科、副科吗？

我要让白雪认同这个观点。

我放下筷子，说："白雪，你知道吗？你所说的主科和副科啊，对于中学生来说都叫必修科目。什么叫必修？就是必须学的。这些必修的科目分为工具学科和常识学科。工具学科包括语、数、外，常识学科包括政、史、地、生。这些科目既然开设了，就都有学习的必要性，更何况中招考试这些都是必考科目！所以，你应该纠正自己的概念：没有副科，都是主科。"

白雪爸爸说："看看，你妈说的话多权威、多专业。"

我这样给她打比方："这些科目就像人吃饭一样，蛋白质、维生素、碳水化合物、矿物质等等，各种营养都要摄取，缺了哪一种都不行。只有营养全面了，才会有健康的身体。"

"你妈打的这个比方很恰当啊。同理可以得出结论，把这些学科都学好了，你才能成为全面发展的人。"我们俩在教育孩子的问题上总是黄金搭档。

"这样我才能不偏科，把各科都考好。"白雪接过我们的话作了总结。

正因为白雪上初中后这个头开得好,所以她在学习各门功课时都抱着认真的态度,我们也相应地给予了一些配合。比如在饭桌上提问白雪时事政治;对一些社会热点问题大家进行分析和讨论;听她给我们讲历史课、地理课上所讲的内容;哪怕是她说在音乐课上学的歌、体育课上做的训练,我们也听得津津有味,从不觉得是浪费时间。我对白雪强调:"知识全面的学生才能形成健全的人格,才能提高自身的素质。"

每当对白雪的教育取得了好的效果时,我就心生喜悦和感慨:因为女儿,我的教育水平提高了。多年来,在对学生的教育中,我也经常有这种感觉:学生让我不断进步和提高。这些年,我觉得我在和他们一起成长。

仅有对主科、副科的认识还不够,我又给白雪总结了几点学好"副科"的具体做法:"听讲是最好的学习"、"把副科当主科来学"、"作业就是复习"、"把副科教材当成课外书看"等。我对白雪说:"历史书在平时要多翻多看,你在了解历史背景的基础上才能背得快,记得牢,即便是考试时遇到灵活有变化的题目你也能做出正确的判断。如果光背死答案,学的知识很快就忘记了,没有生命力。"

我自己在这方面有深刻的体会。记得当年我在中学时,就是把历史书当做历史故事来看的,这样不但背历史题速度快,而且知识掌握得灵活;不但在考试中得高分,还提高了我对古代历史的兴趣。

这些观点对白雪的影响很大。在初中、高中,最使她引以为傲的是,她的政治考试几乎每次都是全班最高分,历史几乎每次都考满分。初中时,她拿过全年级的历史、政治单科冠军;高中时还代表学校参加了郑州市的中学生历史知识竞赛,取得了很好的成绩。

有一次,白雪的好朋友打电话向她请教,学好副科有什么绝招,为什么她把一本政治书都背完了,考试成绩还是不好,她不明白这到底是为什么。

我看白雪像老师一样对着话筒说:"这些科目的学习不能靠考试前的突击,重在平时的积累。首先吧,你要听好课,课堂上听老师讲记忆最深刻,课堂上记住的知识你考试前不复习也照样会。第二,你别把这些副科当成包袱,你把这些教材当课外书来读嘛。你想想,历史故事、天文地理多有意思啊。第三,写这些作业时别当成任务,当做复习。这样,你作业做完了,知识也复习了,一举两得。"

她的这番话,同我给她讲的几乎一字不差!

13. 在校参加活动多，好不好？

　　白雪上六年级的时候，他们班又换了班主任。小学六年间，除了一二年级以外，其余的四年每年都换一次老师。而这一次，已经是第五任班主任了。

　　第一次的毕业班家长会，因为我生病，白雪的爸爸出差，是由爷爷去学校参加的。

　　开完会回到家，爷爷进门先喊白雪："说一说，你这个小姐姐，是怎么替你们老师做工作的？老师听我说是白雪的爷爷，竟然对我说，你是她的得力助手，还说'非常感谢家长的培养'！"

　　白雪高兴地问："我们王老师真这么说的？"

　　"可不是嘛，她说班里大大小小的事儿她都不用操心。"

　　那天晚饭的时候，我们全家听了她的"个人经验报告会"。

　　她说，上六年级了，她和班委们商量，不能让老师再操心班里的日常事务了。于是她和班委从每天的值日、做广播体操，到出板报、收作业等都分工到人，安排得井井有条。她说："我感到最成功的，就是我们把每周五的班队会开得有声有色。"

　　"怎么个井井有条、有声有色啊？"奶奶问道。白雪的爷爷、奶奶都是退休的老工程师，他们做事很认真，对儿孙们的成长非常关心。

　　"每周五的班会我们都提前定主题，这个最关键了。有时候我们根据学校的要求确定主题，更多的时候我们是根据班里的具体情况来定，比如老师的要求、同学们的需要。然后我们几个开始商量用什么形式开效果好，有时候是辩论会，有时候是小组竞赛，最后列出议程，分工配合。"

　　白雪说得毫不夸张。

　　她六年级的班主任王瑛老师是个业务能力强、工作有方的好老师，她不止一次地夸赞白雪："每到期末复习前，白雪他们几个班委就把各科的复习题做成小卡片，把班队会开成竞赛会，各小组间进行比赛，他们还邀请我和数学老师、英语老师参与评选；'六一'或者元旦的联欢会，从布置任务到筛选节目，从制作节目单到写串词，她和马冰洁、段冉等几个班委配合得天衣无缝。当时，白雪他们还办了一张手抄的文学报，几个人分工协作，每期一个主编、几个编辑，以文学为主，各科的内容都有，图文并茂，办好之后拿去街上复印，发给同学们。"

王老师介绍的很多细节，有的我能回忆起来一些片断，有的好像是第一次听到。王老师还说："白雪干什么事情太有计划性了，她会考虑到每一个环节，比我想得还周到，我真的不用操心。"

我可以想象到王老师说的这些场景。因为在初中的时候我撞见过一次白雪准备联欢会的工作情形。

元旦前的一天下午，我有事去他们学校。上了三楼，见白雪正和一个男生在教室门外的走廊上说话。几乎在我看见她的同时，白雪也发现了我，她笑着扬起手喊妈妈，问我怎么到学校来了。她介绍："这是王易难，我们班同学。我们在对元旦联欢会的串词呢。"

"阿姨好。"

"好。你们接着练吧。"

这些活动，有些家长认为是耽误正事儿（学习）的活动，有的甚至认为是孩子们不想坐下来学习在瞎玩儿。而在我看来正好相反，这些活动能从多方面锻炼孩子：认真做事的态度、缜密的思路、合作能力以及从容和自信。所以，无论是对待我的学生还是白雪，我都鼓励他们积极响应并参与到各种活动当中，做一个生活态度积极的、关心周围事物的阳光少年。

一个对外界的事情不感兴趣、只坐着学习的高分学生，不能算是一个发展全面的学生，因为，将来的他（她）终究是要融入到社会当中的。事实证明，学生通过参加各种各样的班级活动和社会活动，能很快学会与人配合，智商和情商都会得到锻炼和提高，认识能力和组织能力也会增强。白雪的成长速度超出我的想象和预期，令人感到兴奋和激动。

每当朋友问我，白雪参加那么多活动学习还那么好，是不是报了什么补习班，尤其是她的英语成绩好是不是因为上英语班了，我总说："活动和学习不一定对立啊。学习班她报过一次，但很快就退了。"

听者大多表示不解或吃惊，不过事实的确如此。

幼儿园的时候，我给白雪报过一个舞蹈班，是幼儿园自己办的，每周两次课。逢上课这两天，去幼儿园接她的时间延后两个小时。说来可笑，我给她报舞蹈班只有一个愿望，因为她小时候不好好吃饭，我想让她运动之后回到家吃晚饭时多吃几口。

学习方面的班嘛，倒是报了一个，但是却半途而废了。

白雪上初中的时候，就已经看出来数学成绩逊于英语和语文了。她见身边不少同学都报了奥数班，也趁暑假报了一个，但上两节课之后就向我们提出了退学要求。

对于白雪的出尔反尔，我们并没有生气，反而对她遇事会冷静分析、有独立见解而高兴。

那天，上完奥数课回来，她对我说："妈妈，我觉得上这个奥数班的意义不大，我准备退学。"

我赶快让她把爸爸也叫过来，我们想要听她说说退学的原因。

她说："我觉得上奥数班没多大意义。通过上这两节课，我发现老师所讲的东西和我们的数学课本联系并不大。我想，与其我费很大的劲儿、花很多的时间做这种题，还不如把这工夫花费在课本上，这样也许成绩提高得更快呢。所以，我决定退出，不再继续上了。"

我们觉得白雪的分析很有道理，当即同意了她的意见。

虽然白雪没有真正参加过补习班，但这并没有影响她在各方面的发展。相反，我把白雪的小学阶段定性为她全面发展的时期。班级和学校的各种活动她都积极参加：缝沙包、削苹果比赛、联欢会出节目、当主持人，班里和学校的演讲、辩论赛、办板报……在她的每一次活动中，我们都会充满兴趣地给予引导。

在我们家里，民主度很高。在这样的环境中长大，白雪也养成了一个习惯，一个我们认为最好的、让很多父母羡慕的习惯，就是她无论什么事情都和父母商量，这为我们把握她的思想、指导她的行为提供了最准确的资料。我们长期持之以恒地以认真的态度对待她的学习和工作，慢慢地，她进入了良性循环：通过活动，锻炼了能力；而能力的提高，又促使活动开展得更好，收获更大。

14. 换老师的风波

每当新的学年开始，总会听到一些家长关于孩子要求换老师的抱怨之声。

很多人可能都会觉得孩子频繁换老师不好。有的说："换老师肯定是弊大于利。你想想，孩子好容易适应这个老师的教育方式和这个班的环境了，一换老师还得重新适应，学习受影响是明摆着的事。"

也有的说："真不知道学校为什么这样不停地换老师，这对孩子肯定没好处。老师没有办法了解孩子，孩子也无法适应。"

还有的担忧更多："真担心换老师后新老师对我的孩子关注程度不够，担心我的孩子的心理和个性会受到影响。"

凡事都是一分为二的。上面的说法不能说没有道理，但从另一方面来看，在换老师的过程中，也锻炼了学生的适应能力。不同的老师用不同的教育理念和方法从事教育工作，学生的思维可以变得更活跃，做事也许会更加灵活。总之，我并不认为换老师是不好的，关键在于老师和家长如何引导孩子。

白雪上小学的时候，她所在的班是个典型的"老师换得勤"的班。小学六年中，他们换过五个班主任，白雪却并没有因此而受到影响。

我习惯于在每学年结束时给学生打一支换老师的"预防针"："下学期，学校有可能换新老师教你们。"往往是我的话一出口，学生就在下面皱眉撅嘴，"啊"声一片。

"当然了，也有可能还是我们在一起！我是说有可能换。如果换的话呢，你们不要有任何担心，请相信每一位老师都会像我一样爱你们、关心你们、爱护你们。所以，开学之后不管换不换老师，你都需要在各方面努力，争取每天有进步……"

之所以这样做，是想给学生们做一种心理上的准备，让学生提前进行心理适应，以免到了开学第一天，他们见到新老师的陌生面孔后，在情绪和心理上受到影响。

这一点，我的学生深深受益。

2009年我送走了一个整整教了六年的毕业班。刚上初中半个月后的学生们在教师节那天回母校看望我，当我问及他们在开始中学的新生活时，他们有没有很多同学和家长反映的那种不适应。有的说："白老师，全凭你的'预防针'效果好啊！"还有的说："放心吧老师，我们几乎从第一天起就习惯了。"还有的发来短信："老师，我们语文课先学的文言文部分，课本上《论语》中的十则我们会背八则，感谢您让我们在小学时提前背《论语》，教我们在学习上打提前量……"

由此看来，老师和家长的引导多么重要。引导得好，不受影响。引导得不好，则影响学生的情绪，影响学习状态和学习效果。

每当看到家长对孩子换老师表现出的紧张和忧虑，我总劝他们不要担心："老师对学生没有不尽心的。想想看，现在的新老师原来不是也有教过的学生吗？他（她）的学生和家长还舍不得人家的老师来教你们呢。"我说的话是真的，因为老师的职业特性决定了他（她）对学生的责任心。"无论课下怎样劳累，一上讲台、一见学生，全部疲劳化为乌有，精神百倍地进入状态。"

白雪在初中的时候，发生过一次换老师的风波。

那是初一下学期的四月份，因为初三毕业班的一位数学老师突然生病，学校决定派白雪那个班的老师去代课。而他们的数学课则由其他班的一位老师代。

刚开始的两天，白雪只是稍有一些不适应。也许是受了其他同学的影响，几天后白雪回家对我们说，这位老师的教学风格大家都不喜欢。

我接着她的话引导："每个人都有差别，每个老师的教学风格也不尽相同。你们用耿老师的风格和模式去套现在代课的老师，是不对的，也是不公平的。每个老师都有自己独特的教学方式和经验，只有虚心求知的人才会发现呢。你们现在如果抵触新教师，不但于事无补，还会影响学习情绪和学习效果。"

我看她还是不太乐意，就反问她："如果初三的学生也用你们的心态去衡量他们的代课老师——你们的耿老师呢？"

我这一问，白雪明白了。可她又向我提出了她的担忧："我们的代课老师原本就在教两个班的数学，如果她上完两个班的课，在已经很累的状态下给我们上课，会不会影响到我们班的讲课质量？"

我停了几秒钟，笑着肯定地回答说："不会，这个你放心。老师一上讲台就忘掉累、忘掉苦了。比如说妈妈的嗓子疼，但我上课时却不觉得，直到下了课，回到办公室端起水杯时才觉得嗓子在冒烟。老师都是这样的。"

白雪松了口气。事后她对我说："妈妈你说得真对呀，这位老师的课讲得其实挺好的，而且她也很负责任。"

又是一次成功的引导！做家长和老师的，如果用心到每件事情都给孩子及时正确的引导，孩子就可以少走多少弯路，少受多少负面的影响！

初中的时候，白雪的班里又因为换物理老师引发了一次"换老师的风波"。我曾在"排干扰"一章写过这件事。

当时，因为新老师的教学习惯、教学风格和原来的物理老师相差较大，同学们不适应，一些人的抵触情绪很大，在课堂上公开和老师作对，甚至找老师的茬儿。一些同学的家长向班主任反映说，家长们准备联名向学校提出换回原来的老师。

听白雪说了这些情况后，我对白雪分析道："学校不可能答应你们的要求。因为学校的工作安排面向的是大局，是经过慎重考虑和权衡后作出的决定，而不会只是针对某个班。"

"你妈说得对。提意见的家长和同学可能忽略了这一点。"白雪爸爸补充说，"如果他们真去找学校的话，我想，学校会向家长说明原因，把他们的思想工作做通的。"

我点头，把目光转向白雪："就你们每个人而言，早一天适应老师早一天受益，否则耽误的是你们自己。你想，马上面临升学了，耽误一天就是一天的损失，到时候吃亏的是自己。"

"就是啊，我们的课现在都到了无法正常上的地步了，老师的表情很无奈。"

"你是物理科代表，我觉得应该在这个关键时刻起作用。"

"我能做什么呢？你不知道，同学们的抵触情绪很大。"

"妈妈有办法。"

白雪着急地催促我快说。

"我觉得你可以分这几个步骤去做。第一呢，你在课堂上带头听讲，积极发言。老师讲课时有问你就答，起到带头作用。第二呢，你作为班委的一员和课代表，要召集班委开个会，给大家摆摆事实，相信大家都是一时的情绪波动，只不过在群体意识的影响下情绪被放大了。如果道理大家明白了，行动上也就不抵触了。第三，选几个代表跟新老师沟通一下，把大家喜欢的教学方式、大家以前的学习习惯跟她说说，老师一定很乐意的。"

"妈妈你太高明了！"白雪说，她相信这样做的结果会很理想。

下面就是白雪以此事为素材写的一篇小说《没有响起的掌声》中的片断。

李老师是初三才带我们班物理课的，她和二年级教我们的高老师形成鲜明对比：一高壮一瘦弱，一开朗啰唆一文静干练……

升入初三，我们班换了这位李老师。她和原来的高老师的巨大反差曾引起我们心理上的拒绝……

了解她是因为妈妈，因为妈妈是老师，能读懂我心的老师。

……

在得知中考成绩的当天下午，我在学校附近遇到了李老师。

我很大声地呼喊"李老师"，看到她惊异又开心地笑了。她拉着我的手问考得怎么样，这时我分明看到她两鬓有了白发，是真的。我是个乖孩子，从不说谎话，那里的头发不经渲染地白了，刺眼地白。

我又懂得了什么叫"老师"，一夜间，一刹那，"为了学生"，她们老了。而此刻，我只想说："对不起，老师，原谅我们曾经年少。"

（节选）

果然如此。虽然同学们在情感上一时还不能完全接受新老师，但大家在慢慢接触的过程中自然而然地相互适应了。但在这件事发生后我思索了很多：一个老师，怎样让学生在最短的时间内喜欢上自己？一个老师，要有伴随学生的成长而成长的意识才能不断进步。

从小学到高中，白雪经历过多次的"换老师"，她不但自己没有受所谓的"影响"，同时，也以行动带动身边的好朋友一起不受"影响"。白雪的同学中有很多都很出色，有被保送到北大、清华等名牌大学的，有考上同济、复旦的，有大学毕业后考到外交部的，还有获得全额奖学金到海外著名学府继续深造的……

学生在校读书，"换老师"是很正常的事，不换老师才不正常。作为家长，一定要引导孩子积极看待和适应"换老师"这件事。

15. 有计划做事效率高

"我儿子每天的作业如果我不提醒不催促，他就不知道写，写的时候还磨磨蹭蹭、抠东摸西，你说这样下去可怎么办？"

"我的孩子都上中学了，学习上却一点计划性也没有，星期天写作业总是拿起哪本算哪本，急死我了。"

"我只要放儿子出去玩，就别想让他在规定的时间内回到家。批评他吧，他还满肚子意见：忘了，玩的时候谁能当得了时间的家？"

"哎呀，真不知道什么时候我女儿做事心里能有个谱儿，别总是糊里糊涂！"

……

我非常理解说这些话的家长心里有多急，他们多么盼望自己的孩子也像别的优秀孩子一样，会合理地安排生活、学习和各种事情啊！

每一个好习惯都是慢慢养成的，做事的计划性也是这样。如果家长有意识地对孩子进行训练，孩子也可以在原有的基础上逐步做到心中有数地安排自己的学习和生活。

我们在计划性这方面对白雪的培养其实很简单，就是列计划。书面的、口头的甚至于暗下决心都可以。

当然了，家长的示范和引导很关键，尤其是要持之以恒地坚持。从白雪很小的时候，我们就开始有意识地用我们的言行去影响她。

"妈妈打算今天上午洗衣服，还准备把窗帘也取下来洗干净挂上。白雪准备干什么呢？自己看书、画画好不好？"

"爸爸的星期天准备这样过：早晨买菜、上午学习、下午去书店买书。白雪想不想和爸爸一起去啊？"

父母向孩子示范自己的计划，可以帮助孩子理解计划的重要性。从小到大，白雪听爸爸妈妈说"什么时间做什么事"这句话应该是比较多的，它有意无意地引导白雪学着去安排自己的事情，并在不知不觉中养成了做事有计划而不盲目的好习惯。

其实，很多家长和孩子也一起制订过学习计划，尤其是开学之初或是刚考过试，这时候的家长和孩子都有一种"而今迈步从头越"的劲头，但是坚持不了几天，要么对计划的内容打了折扣，要么在执行力度上偷了懒，最后因为这样那样的原因半途而废。到下一次再重新订计划、重新开始……如此循环往复，不但对学习没有好处，更对孩子今后的成长不利。

　　计划一经制订，我就尽量做到按计划执行，不让计划中途作废。比如，说好每晚睡前给白雪讲故事，我一定不会因为有家务要做而随意更改或食言不讲。

　　"到'六一'儿童节白雪就可以吃冰糕了。现在天还不太热，吃了会肚子疼的，是不是？"因为白雪小时候体质弱，有过两次吃冰糕受凉生病的教训，我就和她约定到"六一"才能吃冰糕。因为有这个约定，无论别的小朋友怎样开心地吃冰糕，白雪都能够克制住自己，不到"六一"儿童节这天，她不向我提出买冰糕的要求。每次看到小朋友手里举着冰糕，她都会很乖地对我说："白雪到'六一'儿童节才可以吃冰糕"。

　　每次上街之前，我会和白雪一起计划今天上街我们需要买什么。为了防止她看到喜欢的东西临时索要，出门前我都提前给她打"预防针"："除了计划买的，白雪看到了别的东西，能不能向妈妈要求买？"

　　"不能。"

　　由于事先说好了，即使有时候她看到了想要的玩具或图书，也只是拿在手里一边欣赏一边仰着脸冲妈妈"解释"："白雪不买，白雪光是看看就行了。"

　　这时，我会接过她手里的东西看一看。如果认为可以买，就会给她找一个下次来买的理由。如果不可以买，我会轻松地说："白雪真是说话算数的好孩子，看看就放回去吧。"她也就听话地放回原处了。

　　这些看起来很小的事情，我在做的过程中都稍稍留了心：它不仅引导孩子做事有计划性，同时也是对孩子自制力的一种训练。像她后来主动不玩电脑、少看电视等，都与小时候的这种训练有关系。

　　后来，白雪上学以后，我们进一步要求她在做事之前列出计划。在我们的影响和引导下，她在学习上和生活中遇事总会做出较为周详的安排，做起来有条有理。

　　最能代表她做事风格的要数她的便笺。

　　她的小台灯的立柱上总有一张立着的小便笺，上面写着的或是一周的计划,或是明天的打算,或是近段的目标。比如:周末这一天每个时间段需要复习哪门功课;下一周各科要完成什么学习进度;下一阶段对自己的提醒和激励……

新学期三要(初二下)

1. 每天制订的计划必须当日完成,决不拖欠。
2. 有问题就要问,决不留疑问。
3. 辅导书及作业必须要认真完成,不留空白。

中招倒数三天

语文:文言文背默、重点字词、句子翻译。
英语:报纸、卷子上的错题、单词、词组、听力、阅读。
代数:课本、卷子典型题、专块练习。
几何:课本、卷子典型题、专块练习。
物理:典型题、错题、不会的题、概念理解。
历史:课本、基础训练、卷子。
政治:报纸、一本全。

有些东西是可以抓住的,
比如说高三的保送,
要抓住机会,
完成人生跨越。

1. 身体好。每天以各种形式锻炼半小时以上。
2. 心情好。对待学习积极,人际关系融洽。
3. 高效率。学习时全心投入。
4. 不积压。今天的活一定要干完。
5. 完全弄懂。不允许有一知半解。
6. 排干扰。不因别人复习的进程与自己不同而乱了方寸。
7. 计划打"V"制。有利于检测完成任务的情况。
8. 平常心。认认真真干好每天该干的事,不去想结果。

……

打扫白雪的房间时，我每次看到这些"过期"的小便笺都不免在心中感慨一下：这孩子计划性真强！做事真有条理！时间安排得太紧凑了！

于是我把它们一张两张地收起来，随手放进一个小盒子里。这样做并不是故意要保存，只不过看过之后实在舍不得将它们丢进垃圾桶里当做普通的垃圾扔掉。现在回过头来细数，还真的存有好多呢。

此时，我又一次从书柜最下面的角落里拿出了那个电话机的外包装盒，从里面拿出了一张张便笺看，心中不由得再一次想：计划对一个人的做事效率起的作用太大了。是啊，任何一个小计划，只要持之以恒地坚持执行，到最后叠加起来所产生的作用都是巨大的。

高二，白雪去北京和日本的中学生交流，面对日本中学生，她机智而不懈地进行深入"交流"，达到了满意的效果。两天的交流后，她写出了五千字的活动侧记发表在《大河报》上。这与她赴京之前做了充分的采访准备和计划分不开。

高三，她打算利用保送后学校给他们放假的几个月考过大学英语四六级，于是列出计划：单词、听力、填空、阅读、作文，逐项训练，最后如愿以偿，一举拿到两个证书。

大一时的暑假，我在她的书桌上发现了这样的话：九月，韩语高级拿下！有了这个目标，她练听力、做专项练习、做"历届考试真题"……终于在大二开学之后的九月份，考过了韩语最高级（通常大四一个班有一半学生能通过），成为上海外国语大学至今唯一一个在大一就考过韩语六级的学生。

补数学的短板、背唐诗宋词……每一次努力后得到满意的学习效果，白雪都说是她充分准备后才有的收获。

一个做事情有计划的人，不但不会觉得做事的过程是"做苦差"，反而会觉得是一种享受；学习上有计划的人，学习的效果也明显好于没有计划的人。一次次地学有所获，不但能增强个人的自信心，而且也能比没有计划的人更多地体验到成功的快乐。

家长朋友们，做事有计划是一种好习惯和好方法，它是成功的"助推器"。让我们再次和孩子共同列个计划吧！认真实施、持之以恒，相信我们都会有不错的回报。

16. 心甘情愿受这份"罪"

心甘情愿受这份"罪"。这是白雪在高一的暑假背诵屈原的《离骚》时说的一句话。

白雪小时候，我也像很多年轻的妈妈一样教她背唐诗，不过在这方面我并没有列计划，属于随意而为，所以她背得并不多，小学之前大概只背了五六十首。上初中后，因为语文教材里有古文，我重新又开始让她背诵了。

初一的暑假，我们让白雪再开始背古诗，可以说是重打锣鼓另开张，我直接用激将法向她推荐了两首长诗。

快吃完午饭时，我拿出事先找好放在手边的《春江花月夜》和《长恨歌》这两首诗放在她面前。

她拿起一看："这么长？怎么写的呀？谁这么厉害？"

白雪的好奇心挺强的，遇到超常规的事她的反应都挺强烈。

"咋写的我不知道，但是这两个人里面有一个俺白家的人。"我故意放慢语速，装着挺神秘的样子说。

"噢，我知道了，白居易。"白雪脱口而出，并反过来将我的军，"你们白家人写的诗你会背吗？"

"会呀，白居易的《长恨歌》我是十九岁的时候背的。尤其是《春江花月夜》，张若虚的，我太喜欢了，至今滚瓜烂熟。"

白雪一听来了精神，先把诗从头到尾看了看，然后看着我的眼睛说："是吗？我看着你背一遍。"一副要验证真假的样子。

我一示范，白雪的斗志果然被激发起来了，她说她也要背。

"那太好啦。你现在才十三岁，比妈妈当年的十九岁提前了六年呢。"我说，"给你两周时间咋样？争取提前把它拿下来。"

白雪说："让我算一下，看看每天的任务量有多少。"然后进了她的房间。

她就是这样，做事之前先列计划。我在"有计划做事效率高"一章作过较详细的介绍。家长们应该注重对孩子进行这方面的培养。

几分钟后白雪出来了，她对着我胸有成竹地说："我准备每天早晨拿出一节课时间分段背，然后再串起来，争取提前完成任务。"

就这样，初一的暑假，白雪用五个早晨背会了《春江花月夜》，又用七个早晨背会了《长恨歌》。两首长诗背过之后，白雪好像对诗词上瘾了一样，又背了李白、李清照和苏轼的几首名篇，她还专门去书店买了一本《毛泽东诗词》。这个假期，白雪爱上了诗词。她常常惊叹李白的飘逸、李清照的婉约，说苏轼的词高妙得令后人无法超越……

初二下学期的期末家长会之后，我们家也开了家庭会议。我们三人对坐，对白雪即将升初三面临中招的事，进行了深入的交谈。会后，白雪尝试着模仿古文体给我们写了封信，从这封信中不难看出她对古诗词的喜爱和受到的影响。

告吾父书

吾尝闻吾父曰："初三，乃一生之关键者也。"善哉，小女以为然。人一生之关键不过升学尔！

数月过后小女将升初三，面临三座大山：学习知识、升学压力、体育达标。是否能"战到底"？小女认为，不过乎三位愚公：认真勤奋、良好心态、强健体魄。故写此信致父母，禀我之实施妙计。

一、充分抓住暑假之大好时光，解决一、二年级留下之问题死角，系统回顾所学知识，且提前预习初三课程，做到心中有数矣。此乃吾母"打提前量"之战略耳。

二、不耻"上"问。自初三开学始，树立"高标准，严要求"之意识，今日事今日毕，不懂就问。目标锁定班级第一！

三、加强体育锻炼，从而增强身体素质，提高体育成绩。

上皆小女之心语矣。本想口头表述即可，又想用笔墨写出更显正式与庄重。此乃吾首写之与父母书，莫笑小女之拙笔哉。

然，小女还有一事愿请父母监督及配合。想我不说二老便知晓——我们的矛盾。矛盾之由来，归结为吾与父之父女性格之相同耳！继而上溯，吾则是遗传尔之基因也，如此说来责任划分孰重孰轻乎？然，吾确已诚心认识其严重性并下定决心改正此"恶习"之，但"此乃需时间"也，故请二老多多包涵。

如再有矛盾发生，望提醒为主，点到为止，以不破坏彼此情绪为原则。

可否？

蹩脚文字也！甚八股文！

末了，祝二老：心情愉快、身体倍儿棒！

小女　白雪
2002.6.22

　　让白雪背《离骚》的想法，是白雪的爸爸在她高一那个暑假提出来的。

　　放假了，爸爸对她说："白雪，你背《长恨歌》和《春江花月夜》已经是初中的事了。作为高中生，你得有新的突破呀。"爸爸提议让她挑战《离骚》，说："《离骚》是中国历史上第一篇卓有影响的抒情长诗，它是中国诗歌的一个高峰，你把它拿下来，就相当于登上了诗歌领域的珠穆朗玛峰。"

　　白雪欣然应允了。

　　我从白雪手里接过《楚辞》，前后翻看了几页，其中有近半都是生僻字，晦涩难懂。

　　帝高阳之苗裔兮，朕皇考曰伯庸；

　　摄提贞于孟陬兮，惟庚寅吾以降；

　　皇览揆余于初度兮，肇锡余以嘉名；

　　名余曰正则兮，字余曰灵均；

　　纷吾既有此内美兮，又重之以修能；

　　扈江离与辟芷兮，纫秋兰以为佩；

　　汩余若将不及兮，恐年岁之不吾与；

　　朝搴阰之木兰兮，夕揽洲之宿莽；

　　……

　　我在心里暗自说：白雪这初生的牛犊胆子可真大！能读下来本身就很不容易，更别说背诵了。

　　白雪爸爸把书接过去，看着白雪说："你知道吗？《离骚》全诗共有三百七十三句，二千四百九十个字。说实话我不会背，读都读不下来，你要是能背下来，我将非常佩服啊。"

　　白雪说："还用每天背一点最后串起来的方法，积少成多嘛。"自此之后整整40天，白雪开始蜗牛爬行般地背诵《离骚》。

　　当她读着拗口的句子，看着满目不认识的字和词时，言语中也流露出畏难的情绪了：

比起曾经背过的《春江花月夜》、《长恨歌》，《离骚》既非有诗中有画的意境可感，又非叙事抓心、回环起伏，相形之下只显得晦涩难懂，佶屈聱牙。我花了十天，每天早上用一小时大声朗读，看注释，试着翻译，渐渐被"苟余情其信姱以练要兮"、"余虽好修姱以鞿羁兮"搞得糊里糊涂，又为"纷总总其离合兮"下句到底是接"斑陆离其上下"还是"忽纬繣其难迁"而头疼不已。我不明白他为何要"骂"自己心犹豫而"狐疑"，还狂傲地自诩"怀朕情而不发"？后来终于想通原来是古今异义、褒贬有别！"昝纞"、"槩獲"让我怀疑看到的是堆垒起的甲骨积木！我痛苦地发现天才23岁写的诗我竟然读不懂！

见此情景，我心里不免犹豫起来：如果她此时畏惧放弃，以后就不可能再背了。如果坚持背下去，意义就大了，今后只要她遇到困难时想一想这段经历，就会增强克服困难的信心和勇气。

我们商量后一致认为，这是一个锻炼孩子意志、培养孩子知难而进的品质的好时机。当时，各大报纸正在讨论韩国准备申请"江陵粽子节"为其文化遗产的事，我把有关的报道找来给她看，并在一旁给她打气，这下激发了她作为中学生的爱国热情。她说："我要为捍卫祖国的文化遗产身体力行……"

每天早上两个小时，白雪的屋子里都传来忽轻忽重的读书声。完成了当天的任务量，就给我们背一遍；我们每次听后都适时夸赞她了不起，更在背后感慨她的意志力坚强。渐渐地，白雪的认识发生了改变：

我不仅在读诗、在识生字，背诵着拗口的"兮"来"兮"去，更是被屈原23岁为君国而死的爱国情怀而感动着……

四十天之后，白雪终于攀登上了这座高山！

写到这里，我依然记得白雪背完整首长诗之后激动的样子，她从房间里冲出来搂着我高喊："妈妈，我背完了！终于背完了！感谢你妈妈！感谢您的鼓励！"她激动得笑啊，跳啊……

背完《离骚》，白雪把这段经历写成了一篇与《离骚》同长的文章《凌岳涉江——我背离骚》，发表在《大河报》。白雪在文中写道：

我背《离骚》是心甘情愿地受这份"罪"，一个月来用一种坚定不移遇难不惊的"屈原人格"苦苦跋涉。背第二遍时，写了满满正反一页8k大纸，理解、重复、忘了、串起、初背、再背、继续背……屈原的形象一日挥之不去，我就像着了魔般停不下来。他伟大的人格与顽强的意志始终让我对"放弃"保持距离，我怕有愧于自己，有愧于千年之前自投汨罗江以死殉国的屈大人。

……

白雪背《离骚》这件事，对她来说是一次挑战，对我的教学启发也很大。那就是，给学生的目标要定得稍高一些，"求高得其中，求中得其下"。在高标准、严要求下，孩子的潜能会得到更大程度的发挥。

17. 爸爸的批评

（这是我的一篇日记，也是一次家庭对话实录。从中可看出两点：白雪作为学生，学习上存在问题；爸爸作为家长，也不能总是赏识，必要的批评还是要有的。）

2001 年 6 月 3 日　　星期日　　晴

白雪进入了初一下学期的期末复习阶段，紧张而忙碌。

上午 10 点，她拿了这学期的作文本给爸爸："爸爸，这是我一个学期的作文，您看看吧。"

"你觉得写得怎么样？"爸爸放下手里正在看的书，接过作文本。

"还可以吧。有两篇得分不高，一篇 75 分，一篇 79 分。我不知道为什么。"

"有你感觉写得好的吗？"

"有一篇老师给了 88 分。老师说作文最高分是 90 分。"

"好，我先看看。你该做什么接着做吧。"

半小时后，作文讲评开始了。

"杜白雪，我告诉你——"我一听这开头就感觉大事不好，白雪肯定要挨批。

果然不错。

"我告诉你杜白雪，你这毛病大着呢！第一篇，用词不准确。第二篇，审题不清。这是一篇续写文章，续写《编辑部的故事》中小保姆辞工以后的故事。'三年之后'，啊，这是什么要求？可你看你写了两页都写了什么？都是三年前发生在编辑部里的事！而三年之后呢？只写了五六行！这符合作文要求吗？"

爸爸的声调越来越高，他气愤地批评白雪："写作文为什么不审题？你写得再长文不对题有什么用？我告诉你杜白雪，你这叫下笔千言，离题万里。"

平日里，爸爸都是喊白雪，只有在女儿犯错误批评她时，才会连名带姓地一起叫。

再看白雪,这会儿乖了。平时,她光看作文本上老师的评语可能理解还不到位,认识不到问题的实质。这会儿在爸爸的深刻剖析下确实认识到自己作文上的问题不小。

"老师给你75分,太高了!要是我,一分不给!"爸爸的声调又高了一个音,"第三篇《高等教育》是命题作文?"

"不是,老师给了一个故事,让扩写,题目自定。"白雪像回答老师提问一样,完全没了随意和自由的表情。接着,她说了故事的梗概,"法国的拉纳夫妇和他们的儿子小拉纳住在日本名古屋,拉纳先生是一个律师,拉纳夫人是一位大学教授。有一天,他们的儿子和小伙伴在花园里玩扔石子的游戏,小拉纳扔的时候把邻居高桥家的玻璃打碎了。拉纳夫妇让小拉纳去高桥家道歉并赔偿损失。小拉纳用他的零花钱买了块玻璃走向高桥家,高桥夫人开门,见小拉纳站在门口,小拉纳诚恳地向高桥夫人道歉并双手递上玻璃。高桥夫人因为他的诚实,不但让他把玻璃带回去,而且送给小拉纳一盒点心。

"拉纳夫妇听小拉纳高兴地讲完他的道歉经过,给高桥夫人写了封信:'小拉纳打碎玻璃的行为是错的,您在他第一次道歉时给予了他过于宽厚的原谅,他不但不会受到教育,更对他今后的成长有碍……'小拉纳再次以不同的心情,但怀着同样的目的,带着玻璃、信和诚实的心来到高桥家……"

白雪讲完了,我们也被这个故事同时也为白雪流畅的讲述感染了。这的确是个好故事。

"多好的故事!可老师只给你的文章79分。为什么呢?你不是扩写,你加了太多的感慨和议论!所谓扩写,是在原文的基础上,不改变文体,通过对人物的心理、语言及其他细节加以描述,使篇幅增长。就这个故事而言,你如果理解了扩写的含义,会写成一篇很好的记叙文。但事实上你没有充实原文,而是几乎改变了原来的文体,对拉纳夫妇的教育方法大发议论……"

白雪服气了。她俯首表态:"爸爸,我知道错在哪儿了。"

可是爸爸的批评还没完:"你的题目也不好,怎么能叫《高等教育》呢?什么叫'高等教育'?'高等教育'指的是受教育的程度,可能你是想突出拉纳夫妇不同一般,但不能叫'高等教育',你应该在第二次道歉或打碎玻璃这两方面去考虑你文章的标题。对不对?"

"对!老师讲评的时候也说了,最好是《第二次道歉》。"

"记住,第一重要的是审题;第二才是语言,语言要准确;第三是技巧,它的作用是锦上添花。"

"爸爸,you are great!你应该多给我上这样的课,一学期了都不看我的作文!"搞不清白雪是在对爸爸进行表扬还是批评。

"作文本发下来拿到手里,一定要看老师的批语。不要看你那79分,要找原因为何只得了79分,那21分的不足在哪儿?给你打个比方:你穿的西装是名牌,皮带是名牌,梳着大背头,酷吧?但你穿了一双草鞋!这双草鞋就是那21分!别人看了你的文章之后想起的就是你这21分的不足。你只有看到了自己的不足才能进步,才能——让我对你少批评多表扬。不过,你的《今年的一天》写得不错。"

总结性的结尾,唯一的一句表扬。

18. 父母"错误"导致"问题孩子"

很多时候，孩子的错误或"问题孩子"是我们家长在无意或错误的教育方式下制造出来的。从下面几个事例中，我们或许可以找到一些原因。

例一：
我下班走到家属院门口时，碰见邻居带着她四五岁的女儿从院里出来。
"小豆豆！"
听到我打招呼的声音，小姑娘仰起脸儿看着我，样子好乖巧。
"豆豆长这么高了，是不是啊？"我笑着问她。
她也笑眯眯地点头，小胸脯挺了挺。
"那一定是在幼儿园吃饭吃得好，对不对？"
"嗯。"她重重地点点头，很高兴的样子。
"快叫白老师啊。"
没等孩子张口，邻居就冲我解释："这孩子，太内向了，见人就是不爱说话。"
我赶快看孩子，小豆豆垂下眼帘，不再张口了。
我弯下腰对小姑娘说："我觉得豆豆很大方啊，刚才笑着跟我说话了呢，是吧？"
小姑娘又高兴了。

例二：
我们两口子和朋友的一家三口聚会，席间说到性格的话题。
朋友对着她爱人说："我说话你别不高兴啊，咱们两家都不见外，让他们两口给咱评评理。"然后对我们说她爱人在家脾气多不好，动不动发火、摔东西，"这都是他爹的遗传，害得我儿子现在不高兴了也会摔门……"

例三：
在一个周末，两三家相约聚会。说起孩子的学习，一位妈妈冲自己三年级的儿子说:"看人家哥哥考试成绩多好,你说你,上课不好好听讲能学习好才怪呢!"

例四:

碰见一位以前的学生家长,他的儿子前年小学毕业,如今正上初二。我问孩子的情况怎样,他高兴地说:"还不错。上星期数学考了个一百分,放学回来一进家门就说要打电话给您汇报。"我高兴地说这太好了。

不料家长说:"以前总是考八九十分,这是头一次考一百分。我说他这是瞎猫逮住死老鼠,碰巧了。"

"这就是你不对了。你应该对孩子说他进步了,有突破了你很高兴。"

"他就是光报喜不报忧。我说:'你没考一百分的时候怎么不给老师打电话呀?'结果他就没打。"

我遗憾地说:"怪不得我没接到电话呢。孩子需要我们分享他的成功体验,我们也正好借此机会给孩子加加油。"

……

很明显,这些例子中,家长对孩子使用的评价语言是错误的。他们都对孩子犯了引导和暗示上的"错误"。

从心理学的角度讲,外界的引导和暗示都会对人产生一定的"暗示效应"。并且,相比较成人来讲,少年儿童更易于接受暗示。如果这种暗示是积极的,就能使人产生积极的情绪,改变消极的心态。如果暗示是消极的,则会使人颓废,漠然,甚至一蹶不振。

上面的小豆豆,听了妈妈的暗示以后,她心理上会形成这样的自我暗示:我内向,我不爱说话。久而久之,她就不说话了,就变得更内向了。而我给她的暗示很明显是积极的,如果她的妈妈也能改变引导和暗示的语言,多给孩子积极、正面的肯定,相信小豆豆一定会越来越大方和开朗的。

同样,例二里面,我朋友说她爱人的话也不妥,她不但暗示她丈夫脾气不好是遗传,还暗示到了她的儿子,让他们父子俩在今后的生活中,遇到不如意的事情时,就会进行自我暗示:"我之所以发火是因为遗传。"从而为自己的情绪失控找理由。

例三中的妈妈,拿别家孩子的优点比儿子的缺点,在众人面前"揭"儿子上课不专心听讲的"短",还用"定论"性的语言说儿子"能学习好才怪"。这种否定性的语言只会让孩子产生"我再努力也没有用,妈妈都不相信我"的想法,从而变得消极。

例四里面的妈妈呢?她的做法就更不应该了:孩子取得成绩正兴奋时,他不但不鼓励,反而泼冷水,简直就是给孩子来了个当头棒喝——把孩子从兴奋的高峰推向扫兴的低谷。

据我了解,像这样错误评价、批评孩子的家长不在少数。并且,正是家长多年来意识不到的这种错误把孩子"培养"成了"问题孩子"。因为你说出的话,在孩子的头脑中起到了潜移默化的暗示作用,在不知不觉中打击了孩子学习和进取的积极性,起到的是负面的消极作用。

其实,暗示是一种很好的教育方法。有时候,教师的一个微笑、一个手势对学生就是一种积极的暗示,学生会从中感受到教师对他的肯定和赞许:老师喜欢我,老师在表扬我,从而受到莫大的鼓励。语言暗示、动作暗示、表情暗示等间接暗示或自我暗示等方法都可以提高教育效果。我在班级的管理上,在教育女儿时,经常会使用积极的语言暗示,从而使他们在积极的暗示效应下改掉自己的某一缺点和错误。这种积极的暗示,我在很多章节里都有自然流露,细心的读者会敏感地捕捉到。

白雪也是一个普通的孩子,其他孩子在学习上存在的问题在她身上也同样出现过。比如小学五年级时,我有一次发现她作业上的字写得很小,再往前翻翻,已经有好几天的作业都是这种小字体了,完全不像是她写的字。在高年级的学生当中相互模仿字体的情况很常见,我估计她也是受了某个同学的影响。

我让白雪看着她的作业,对她说:"妈妈看了你的作业之后很高兴,因为你很认真很用心,不但字迹工整,而且正确率高。但是,我认为前面几页的字看起来更大气,更舒展。后面这几页呢,字写得太小了,看起来字有些拘谨。你看是不是?"

"小字不好看吗?"

"从练字的角度说,写大字更易练出功夫,能更好地掌握字的间架结构。就妈妈的经验来说,老师们都喜欢这样的字。"

"大气、舒展","老师们都喜欢这样的字",我使用这些暗示性的字眼,很轻松地就使白雪把写小的字改正过来了。我并没有根据自己的经验下定论她是模仿了别人,更没有生气地骂她没有主心骨。

白雪小时候也有过胆怯，我们也是用积极暗示的方法使她逐渐自信和大胆起来的。在星期天回奶奶家的时候，在家里来了客人的时候，我们都会让她给众人表演。儿歌、故事、唱歌、跳舞，看过之后我们都会表扬她。我们做得最多的游戏，是由她当小老师，爸爸妈妈当学生；她当小演员，爸爸妈妈当观众。这样的锻炼使她的胆量越来越大，自信心也越来越强。

　　在幼儿园，白雪参加省电视台的春节联欢会表演；上小学后，多次参加学校的文艺汇演，参加国际少林武术节开幕式表演，还在全校的升国旗仪式上演讲；初中的时候，她在班级和学生会的工作中大胆、负责；高中时期，多次参加学校的演讲，采访女作家艾云、女书法家胡秋萍、杂文家兼河南电视台台长杨诚勇以及著名主持人杨澜、陈伟鸿……大学时期，四次参加全国大学生韩语演讲比赛……白雪在我们积极的暗示和引导下越来越优秀了。

　　相反，有些家长却总说这样的话："你这孩子，越来越不像话了！""你来管你儿子吧，我的话他是一点都不听了。""你说你十几岁的大姑娘了，咋就不知羞耻呢？""我这儿子太粗心了，总是写错字抄错题目。""他一点都不刻苦，光知道玩。"……家长在说诸如此类抱怨的话时，大多是随意性的情绪发泄，根本没有考虑到这样做对孩子产生的负面暗示效应。

　　所以我想说，做家长的，时刻都不能忘记自己的家长身份，尤其是当孩子在场的时候。你的每一句话，都应该是积极的、正面的、客观的，只有这样，孩子才能是积极的、向上的、努力的。否则，很有可能因为家长的"错误"催生出一个个"问题孩子"。

19. 做一只目标明确的小船

回忆白雪的成长过程，都遵循着期待未来、享受过程、收获硕果的轨迹，可以说，每一个阶段都走得很踏实。

这与她做事目标明确、不偏离方向有关。

我们从白雪小时候就注意培养她做事的目标意识。尤其是白雪的爸爸，他做事目标明确、计划性强的风格对白雪的影响很大。

我经常对白雪说："做事情要有目标。要把长远性目标和阶段性的目标相结合，把每一个阶段性的仗打赢了，你的最终目标自然就实现了。"白雪爸爸更不断强化她的目标意识："有了目标，你每走一步都有意义，都会离目标更近一步。没有目标，每走一步都可能离目标更远。"

受我们的教育和影响，白雪也有了一个个大大小小的目标。

班级要举行削苹果比赛了，她的目标是第一名。于是她先向妈妈取经，再一个又一个地练习削苹果，最后如愿以偿，得了冠军。

下周轮到他们班在学校升国旗，她说，老师让大家准备演讲，选出成绩最好的一个同学参加，她决心成为胜出的那一个。于是，定内容、背稿子、处理语气、设计动作手势……最终，被老师和同学选出的那个站在国旗下演讲的人就是她。

上初中了，学习成了生活中最重要的事。我们对她说，初中的三年很重要，如果你考上了好高中，就意味着你有一只脚跨进了名牌大学的门槛。于是，白雪把目标锁定为重点高中。她书桌前的短期目标也不断地更新："期末全班前五名"、"向年级前二十名进发"、"班级第一名非我莫属"……

高中的三年，白雪的目标是保送上大学。她的生活都围绕这个目标进行，发现什么问题就解决什么问题。比如她对数学缺乏兴趣的问题。

我们给她分析："这个时期你不要谈什么兴趣，考试什么科目就要对什么科目产生兴趣。不喜欢也要喜欢，比如数学，如果你不想办法补上这块短板，它就可能影响你的整体成绩，影响你保送上大学的目标的实现。"

白雪是个明理的孩子。于是她在高二全年和高三上学期共一年半的时间里，拿出她百分之八十的时间和精力去攻数学这座"坚城"，也可以说是

"艰城"。她曾为自己死活弄不懂一道题而哭着问我她是不是很笨；她曾为考试成绩提高了三分在电话里兴奋地给爸爸报喜；她曾为了听一节数学老师的课，拒绝了爸爸让她看黄浦江夜景的建议，坐一夜火车从上海赶回学校……

我们看白雪为了目标而忘记了苦累，奋发地学习数学，感慨地议论。

"白雪真行！对一门不喜欢的学科那么忘我投入地学习，我都做不到。"爸爸说。

"这是因为她有目标，否则可能早就打退堂鼓了。"

白雪是一只有明确目标的小船。

初中的时候，有一天我和她探讨一道数学应用题，是路程问题中涉及"顺风和逆风"概念的。问题解决之后，我借题发挥道："你看，小船有了目标，无论逆风还是顺风，都能到达目的地。假如没有目标顺水漂流呢？走的时间越长，离目标越远……"

这个道理我也经常给我的学生们讲，我希望每个孩子都做一只不迷航的小船。

20. 火车上的圣诞节

2005年的圣诞节，我们一家三口是在由上海开往郑州的火车上度过的。

此次去上海，我们是陪着白雪参加上海外国语大学组织的保送生考试。考试时间安排在12月24日和25日，这两天正好是双休日。

12月24日上午，先到上外领取准考证。考试时间定在第二天，上午8：30－11：30考语文，下午12：45－15：00考英语。

领完准考证，我们就在附近的上外宾馆订了房间。宾馆外的广场上，高大的圣诞树上挂满了五颜六色的圆球和蝴蝶结，宾馆大堂灯光闪烁。电梯里上上下下不时有外国人说着英语或别的国家的语言，我们和白雪初次感受到了上海外国语大学的"海派"和"国际"氛围。

白雪提出来要买一套上海市的语文和英语高考模拟试卷，一是练练手，二是借此熟悉一下上海本地考卷的范围、风格和题型。我们觉得有道理，就在赤峰路地铁站的书店里买了一套。白雪当天下午就在她的房间里开始做题，晚饭之后，爸爸提议到街上看看上海的平安夜。白雪说，明天考完之后吧。当夜，她做题到十点。

第二天上午，上外二号楼外，考生和家长里三层外三层地把小楼包围了，听口音考生们来自全国各地。考场将近五十个，每个考场三十人，粗略一算，约一千五百人。

"竞争很激烈啊！""听说最后只录取一百五十个！"家长们在考生进了考场之后，各自发表着自己的感想。可以肯定，来参加考试的每一个孩子都是所在学校里的优秀学生。如今，他们汇聚在这座教学楼里进行着角逐，真不知最后会是哪些孩子胜出啊！我们不禁又重复了我们无数次说过的话：无论结果如何，我们和白雪都无悔。因为她高中生活的每一步都走得很踏实，每一天都有新收获。

11：30，白雪出了考场。她一见我们就说："题目不难，作文题目是关于感恩的话题。"

无暇多说，我们让白雪先回宾馆休息半小时。趁此时间，我们把饭买回房间，让她一起床就可以在房间里吃上热饭。因为一个小时后就要进行下午的英语考试,我们必须把路上的时间计算准确。

回程的车票早已订好,但白雪的爸爸临时提出个想法:白雪是第一次来上海,想带她看看外滩,看看黄浦江,看看东方明珠。不过,这个决定还要等白雪出了考场之后征求她的意见。

还不到下午三点,我们就和许多家长一样等候在考场外面了。考生们陆陆续续地走出来,与上午的情景大不相同,不少孩子脸上都露出失意的表情,一听议论,他们大多都评价考试题目太难。

我们已做好了安慰白雪的准备。

白雪高兴地从远处走向我们,一见面就说:"太刺激了!"我们问为什么,她说:"有些大学四六级英语的难度!很多同学都说有些题目不会做。"

爸爸很觉疑惑:"你会做?我怎么不知道你什么时候学了大学四六级英语啊?"

看来,我们对白雪灌输的"打提前量"、"提前走一步"的观念又在关键时刻起到了关键作用!她在课余买来大学英语四六级词汇背诵,一遍又一遍做真题。另外,她还买了《新概念3》、《新概念4》的老师用书,辅助她自学。她做这些,我是知道的,但我没有过多过问,因为,我相信白雪有安排自己学习的能力——无论内容还是时间。

爸爸说了晚上留下来过圣诞节、游黄浦江的打算,可白雪摇头说:"我不能保证我一定会被录取。如果录取了,以后在这里上学我有的是时间看;如果不录取,这一次不如不看。"

我们都没想到白雪听后会说出这样的话,事后我们由衷地说:"这孩子太让人感动了。"

爸爸进一步说:"你不要给留下赋予太多的意义嘛,放松放松总可以吧?这一段为了备考,你太辛苦了。"

"不行。我已经算好了,星期一还能赶回去上王老师的两节数学课呢!"

她上课是为了享受课堂上学有长进的过程,享受收获的快乐,这一点很让我佩服。

就这样,我们坐上了回郑州的火车。

我和白雪躺在卧铺上谈心。她觉得此次考试她发挥不错,应该有把握录取。

看白雪踌躇满志的样子,我倒有些担心了:不能把所有的希望都寄托在这次保送上啊。如果没有录取，还要参加全国的高考。于是，我鼓励白雪："录取了当然好，不录取也没关系，权当咱来上海是向全国的高手学习了。不录取，或许还是好事呢，你可以参加高考去实现你的北大梦了……"

老天好像在故意考验白雪的决心和信心——火车到无锡附近时，因前方机车有故障，我们乘坐的火车被迫在此滞留了两个小时。

爸爸故意逗她："不后悔吗白雪？如果留下的话，我们这会儿是不是正在轮船上看黄浦江呢？"

白雪说："我不后悔。我觉得这一路谈话的收获很大，赶不上数学课才是大损失！"

……

可以这样说，保送上大学是白雪从踏入郑州外国语学校大门的那天起就树立的目标。因为在她的心目中，最优秀的学生才能保送上大学，保送上大学是最光荣和最有实力的体现。

郑州外国语学校是当时国家教育部确定的全国十三所具有保送生资格的外国语学校之一。但当时白雪只是把保送当做一个美好的愿望，头脑中对保送只有一个模糊的概念，并不知难度有多大，竞争对手有多强，更不清楚要想保送需要达到什么条件。

高中的第一次家长会开过之后，我们才知道，要想成功保送不止是不易，甚至可以说相当艰难。因为有几个硬条件必须达到，而且缺一不可。

1. 高一高二期间，每学期的期中和期末考试成绩必须在年级前百分之二十以内。在确定保送生资格计算总分时，这两学年的分数各占百分之三十，共百分之六十。高三上学期的比例最大，占百分之四十。因为全国的保送生考试是在高三上学期的十一月份进行的。

2. 高中生毕业会考成绩，九门功课中，至少要达到"三优六良"。语数外三科必须达到优秀，其余科目必须良好或良好以上，优秀的越多越好。

3. 高三上学期的十一月份，是最后一次保送生资格考试。郑州外国语学校组织出题，凡有志保送的学生均可报名参加考试。成绩从第一名到最后一名都公开排出来。

以上三个条件都达到的学生，最后可以参加高校提前录取的保送生考试。

十月二十日，学校公布取得保送资格的名单，白雪位列其中。

学校有规定：每个取得资格的学生只能从前来招生的高校中选择一所参加笔试。所以，选择哪所高校是需要慎重考虑的问题。

12月6日，上外给郑外下达了招生指标，招收三个小语种的学生。白雪很高兴，一是因为她喜欢语言；二是因为上外组织的考试时间早。这样一来，如果考试没被录取，还可以为参加高考赢得多一点的复习时间。于是，和我们商量之后，白雪填写了上外保送生笔试考试的正式表格。

看到这些，相信每一个家长都能感受到孩子在高中的竞争多么激烈。外国语高中的保送优势吸引着全省各地的尖子学生，比如前面提到的白雪的同学廖望来自洛阳，安冬来自南阳……每班前十名基本上一大半被这些外地尖子占据。和这些高手们在一起"拼杀"，可以说相当紧张、相当残酷、也相当兴奋！每一个经历过高考、经历过保送考试一遍遍洗礼的学子，无论时间过去多久，只要回忆起当时的景况，都会像昨天才发生一样记忆犹新。尤其身处河南这个人口大省，为了能上一个好的大学，每一个学生都要付出比北京、比上海、比全国很多有加分优惠政策的地区的孩子更多的努力。同样是上北大，河南学生的分数要比北京学生高出近一百分。

我想通过我的日记，来回顾一下白雪当时的备战状态。

2006年12月16日

白雪这周回家来说："现在属于保送时期，同学们的情绪波动很大。有些保送生已经明确被高校录取，山东大学、武汉大学、浙江大学的通知书都陆续来了。也有些正在进行的过程当中，如：上外和北语等。大家每天晚自习后回到寝室的话题与这些分不开，谁都无心学习。不管你参不参加保送，不管你与保送有没有关系，看到的听到的信息都会干扰你学习的情绪。总之，想要坐下来学习很难。

"李真和张隆芳说我是铁人，一不怕苦，二不怕累，三不怕瞌睡。有同学问：'白雪，你还学得进去呀？'我还没回应，就有另一个同学替我回答：'我们的白雪什么时候学不进去过？'于是大家都笑说：'佩服！佩服！'"

去上外参加考试回来二十三天以后，白雪如愿以偿地接到了上海外国语大学的录取通知书。

21. 孩子成长的每个拐点

每当有朋友问我怎么教育孩子，我总说这句话：家长不需要参与孩子学习的每一个环节和细节，不要指导得太过具体而形成干预。但是，一定要对孩子成长的大方向进行把握。比如成长的环境、孩子的心理，以及成长的不同阶段。在每一个成长的拐点对孩子进行适时、科学的引导和帮扶，能让孩子在前进的道路上一直向前不迷航。

所谓适时，就是孩子真正需要的时候；所谓重点，主要指孩子的心理。

在白雪成长的每个阶段，我们注重的正是这种适时的心理引导。

白雪的高中读的是郑州外国语学校。可是，当初中招报志愿时，她执意要报的是郑州一高。

一高偏重理科，每年的全国数理化竞赛，一高都取得辉煌的成绩。初中三年当中，老师们多次提及，让白雪和不少同学都产生了"一高情结"。郑州外国语学校偏文一些，虽说有保送的优势，但在录取分数线上还低一高好几分。所以，在白雪的印象中，一高才是最好的高中。

但是，我和白雪爸爸建议并极力说服让她报考郑州外国语学校。

我们这样做的原因基于两点：第一，白雪的身体素质不太好，每个冬天都要感冒发烧好几次。对于寄宿，我们只有一个想法：卫生间要离寝室近一点，减少半夜上卫生间时被冻着感冒的可能。我们通过考察两所高中，觉得郑外更合适。

第二，白雪的班主任何伟老师也建议白雪上郑州外国语学校。他对我说："杜白雪对语言的感觉很好，上郑外可能更适合她，对她长远的发展有帮助。"

多年的班主任的工作经验证明，老师是最了解学生的，老师的建议一定是最适合的建议。

但是，我们没想到，白雪对我们的意见那么强烈地反对并抗议：

"你们这是对我的不尊重，你们不相信我的实力。"

"我们几个好朋友已经约好了，还要读同一个高中……"

"我有那么娇气吗？条件艰苦有什么不能克服的吗？"

"他们说，一高抓得更紧。我如果不上一高的话，时间长了一定会落后的。"

……

白雪哭得一塌糊涂。我看看表，时间已经过了半夜十二点。

我示意白雪爸爸，让白雪说出她的理由。当她声泪俱下地全部说完之后，我温和地说："白雪，你听我们说说我们的理由，看够不够有说服力。好吗？"

白雪没回答我，但她不哭了。于是我心平气和地对她分析道："第一，请你相信，爸爸妈妈丝毫不怀疑你的实力，从你三年以来的优异成绩看，考上最好的高中没有问题。在这一点上，我们充分相信你的能力。

"第二，想必你对高中生活也是有所了解的，学习内容多，生活节奏快，竞争十分激烈。我们也相信你做好了刻苦学习、克服困难的准备，并且相信你会做得很好。但有一点你可能没有估计到。"

我停顿了片刻。看看白雪，她在擦眼泪，但可以看出她在认真地听。我接着说："那就是时间。感冒后精神不佳、头痛咽疼、发烧咳嗽、无法上课……这一耽误，最少是一周的时间。而少生病，本身就为你赢得了学习时间。有了时间，自然就有学习效果。何况老师说了，这两所学校都是重点高中，不分伯仲啊！"

爸爸总结道："生活是由一个个细节组成的，事情的成败全由细节决定。

"第三，这两所中学虽然都很好，但也各有所长。今天开家长会时，何老师也建议你报外国语学校。他的理由是，在那里，你在语言方面的优势会得到更好的发展。有句话现在用最合适，用在你身上更合适：适合自己的才是最好的。"

耐心听了我们的分析，白雪终于同意："好吧，就上外国语了。"完了又坚定地补充了一句："只填这一个志愿。我没有第二、第三志愿。"

听她这样回答，我确认她是真正想通了——这是放下包袱后的义无反顾。

多年来，我们关注白雪成长的"拐弯处"和"岔路口"，在这些容易走偏的拐点进行有效的帮扶。通过民主沟通，达成共识，让她放下包袱，轻装前进，最后心情愉快地投入到学习和生活当中。

事实正是这样，白雪在彻底打消顾虑之后，行动上更加坚定了。在郑州外国语学校，白雪像上足了发条的闹钟，以积极的心态，有条不紊地勤奋学习，无论是学习方法还是解决问题的能力，都在大步提高。相关的学习细节在书中很多章节都有体现。

这件事情对白雪的影响很大，以至于事情过了很久之后，她在日记中写道：

"一次次，在事实面前验证了爸妈的正确，让我不由得在以后的日子里，继续不断地听他们的忠告。虽然有很多次在事情发生的当时，我并不认同他们的观点……"

22. 帮孩子度过成长阶段的适应期

人在一生当中，要面对很多新的环境。有的人适应能力强，很快就能适应，有的人则适应慢，还有人也许身心疲惫，痛苦不堪之后还是不适应。

白雪成长的过程中，我们比较关注她在每个成长阶段的适应和过渡。幼儿园、小学、初中、高中……在这些阶段来临之前，我们都在她的思想上打"预防针"，使她在每一次的成长环境发生变化的时候，都从容应对，顺利度过。为她今后独立地生活、适应新的环境、迎接新的挑战打下牢固的思想基础。

"预防针"、"心理暗示"、"目标强化"、"间接教育"、"激励与批评"都是我们常用的方法。

比如很多小孩子到了上幼儿园的年龄却不愿意入园。早晨，孩子在幼儿园门口哭着向家长央求：今天不上幼儿园，今天不上幼儿园。把孩子送到班上之后，孩子又哭又闹抱着妈妈不松手……

我有几个很好的朋友是幼儿园的老师，她们说，刚开学的头一两个月，这种情况每天早晨都见得到。家长下午来接孩子时问老师的第一句话就是：我走之后孩子又哭了多长时间？说一整天在单位都不安心。

而白雪从第一天上幼儿园就没有哭，这是因为，我给她打了思想的"预防针"。上幼儿园之前，我常给她讲幼儿园里的故事，这些故事使她形成了这样一种观念：幼儿园的老师就像妈妈一样亲，幼儿园的老师最会讲故事、唱的歌最好听，幼儿园里有好多小朋友和她玩，还有很多很多的玩具。总之，幼儿园是个快乐的地方。

这样一来，入园前她就对上幼儿园怀有一种期待。

上幼儿园了。每天早晨白雪一睁开眼，我就会高兴地对她说："白雪今天醒得真早！你会是第一个到班里的小朋友吗？""白雪今天在幼儿园里准备得几朵小红花呀？"……这样的对话能唤起孩子对昨日快乐的回忆，还能引导她对即将开始的一天充满向往。所以，白雪总是高高兴兴地上幼儿园。见到老师马上就回头说"妈妈再见"。下午接她的时候，她一路上小嘴不停地时说着幼儿园里发生的事，学的什么本领……

相比之下，有的家长则这样哄孩子："再不听话明天就送你上幼儿园！"在孩子的心目中，幼儿园成了不好的地方。这样做的结果是，孩子到了入园的年龄却哭着闹着不愿上幼儿园。家长在这时又吓唬孩子说："你再哭我下午不接你了。"试想，家长让孩子对幼儿园产生了这样的恐惧，孩子怎会喜欢上幼儿园，心理又怎能得到好的发展呢？

在孩子的心目中，"背上书包去上学"就意味着"我长大了"。白雪在上小学之前，看到大哥哥小姐姐背着书包去上学，总是羡慕地说："白雪长大了也背书包去上学。"

白雪上幼儿园中班时和妈妈合影

每当这时，我总会接过她的话说："白雪上学了也是一个好学生。""白雪学习努力、团结小朋友也能戴上红领巾。"

我认为，这种积极的心理暗示会在孩子心里留下深深的印记，使孩子对长大充满期待，对当上一名小学生充满期待，并暗暗地强化他（她）为之努力的目标。那么，背上小书包的他（她）就会是一个让家长省心的好学生，他（她）就会在课堂上认真听讲、积极发言，就会认真写作业、团结小伙伴。所以，给孩子在心理上做好必要的、充足的学前准备是最重要的，而不在于多学会一个字，多会做一道数学题。

事实正是这样，白雪从上小学的第一天起，就是这样的好学生。尽管她没有上过学前班，我在家也没有教她学一个拼音字母。我只是让她知道一个好学生应该怎么做。对白雪来说，贴在墙上的一朵朵小红花赢得了爸爸妈妈的称赞，这些赞扬又化为她新的动力，去争取更好的成绩。妈妈由衷的微笑和拥抱是对她的激励，爸爸在她脑门儿上的亲吻也是激励。我们从不轻易用物质奖励的方法，相信精神的满足和成就感是对孩子最好的激励。

升初中是孩子成长过程中的一个重要拐点。

我印象最深的是，白雪上初中前，我用"心理暗示"和"间接教育"的方法让她在"思想上先入学"，对初中生活充满期待，尤其对数学有浓厚的学习热情。

小学六年级的白雪，已经明显表现出在语文和英语方面的优势，这两科她学起来又轻松又有效，相比之下，数学要逊色一些。如何让白雪的数学在升入初中之后有起色呢？我咨询了白雪的二姨，和她商量办法。因为她多年来一直从事数学教学，很有经验，她的话白雪也能听得进去。

这天上午，我让白雪给二姨打电话，汇报自己的假期安排。

放下电话，白雪高兴又轻松地对我们说："二姨说了，我初中的数学一定能学得很好。"

我装作不知，问她："那当然好了。可你有什么依据呢？初中数学可是两本啊。"白雪口气十分轻松但却肯定地告诉我说："对呀，代数和几何。但是二姨说了，这两门都是从零开始学的，与小学数学的关系并不大，只要有四则混合运算的知识就可以学好了。二姨还说，很多小学成绩不怎么样的孩子，初中的数学学得相当好。所以啊，对我来说，学好数学一点问题也没有。"

在这里，我用了"间接教育"的方法——借助"权威"的口达到了我要鼓励白雪学好数学的目的。因为外来的和尚好念经，同样的话，"权威"说出来效果会更好。在教育学生和白雪时，我经常运用这种方法，可以说，越用越娴熟，越用效果越好。写到这儿，我不禁笑了，我想起了上次白雪亲历我们引导她表弟的事，过后，白雪恍然大悟："原来，你们也是这么'忽悠'我的呀！"

多年以后，提起数学，白雪感慨地说，是二姨的话让她对学好初中数学充满了信心，尤其对几何的兴趣浓厚。她经常在课后和好朋友为了一道题而讨论。初二的时候，学校根据学生的数学成绩组织培优班，白雪能入选也是个很好的证明。

我认为，做事情之前在心理上做好充分的准备，对任何人、任何事都会起到很好的作用。由于我们让白雪在思想上提前两个月升入了中学，所以她在初中的三年，尤其是最后两年中，各科成绩齐头并进，综合成绩一直保持在班级和年级的上游。

高中阶段，中国的多数孩子大多过的是寄宿生活，走读的是少数。我听到过不少家长反映孩子对寄宿生活的不适应，老师们在家长会上也提到不少学生，尤其是好学生身上表现出的"失落感"。即便是大学里面，也有对新环境表现出焦虑或不适应，需要父母陪读的。这些现象白雪身上都没有，原因是"思想预防针"起到了免疫作用。

比如高中的军训，之前我告诉白雪要做好充分的吃苦准备。军训结束后，白雪说："结果根本没有那么可怕！整个军训的过程中，很多同学叫苦叫累，可我一直在等待着您说的'最累最苦'什么时候出现。"可见，有没有心理准备的差别很大。

当白雪怀着强烈的保送上大学的愿望开始高中生活的时候，我一边肯定她的积极进取，一边给她泼冷水："高中不比初中，你要在思想上要做好充分的准备。准备失落，准备受打击，准备落后。"我说，"能够考上郑州外国语学校的学生，都有一定的实力，他们都是各校的尖子生，你们的名次将会进行一次重新排列。"

"好吧，我做好迎接新挑战的思想准备。"

"你有这个决心妈妈太高兴了。要记住，天外有天，人外有人。很有可能你习惯的前几名位置会被高手取代。但是，'办法总比困难多'，只要有积极的态度，遇事积极地想方设法解决，不等待、不依赖，什么困难都能克服。"

白雪不但很快适应了高中的学习和生活，遇到困难也总是不等待，不依赖，积极努力地克服。

23. "伟大"的学生

用"伟大"一词评价一个学生，是在白雪高二的时候。这个学生叫廖望，是白雪高中分文理科后的同班同学，高三时被保送到了清华大学。大学毕业又获得了剑桥大学的全额奖学金赴英国攻读研究生。

她和白雪既是同学又是好朋友，白雪经常向我们说起她。

又是一个周六的下午，白雪在六点钟准时到家了。

每次回家，白雪都是搭好朋友韩笑爸爸的车。顺利的话，车程四十分钟。然后在第二天的下午，以同样的方式回学校。

这天，白雪进家后张口说的，还是廖望。

"今天王老师又让我们做了一张数学试卷，廖望还是一百分！不但一百分，而且王老师还让她到讲台上给大家讲卷子。你们是没有见到啊，她讲得那叫一个清楚！那叫一个明白！连我们王老师都说'我可以把讲台让出来了'。她简直无敌了……"

白雪滔滔不绝地说着。

我边听边想，廖望这孩子真难得，学习又踏实又刻苦，最可贵的是她的严谨。在高二和高三的两年间，她的数学、英语、地理三个科目永远都是一百分！

作为老师，我知道，得一两次一百分容易，次次一百分就太不易了，这得多么细心啊！

白雪说完了。我紧跟着说道："太伟大了，这是一个伟大的学生。"

白雪爸爸说："'伟大'这个词语用在廖望身上，毫不夸张。"

显然这个词让白雪觉得新奇，她可能从未听过用伟大一词来评价学生。另外，一定是我们说话的语气以及当时的气场和氛围感染了白雪。因为我发现，爸爸的话说完，白雪脸上的表情凝住了，是那种神圣的、佩服的、羡慕的神情。总之，我觉得有很多种因素混合在一起。

教育者对教育所达到的效果是最敏感的。我觉得这是一次难得的教育机会，是没有预设却已经自然生成了的最佳境界。我感觉到，此刻白雪的心里多么期待自己也能成为一个伟大的学生啊！

我决定抓住这一时机,帮助白雪认清自身的优势,对比自身的不足,重新确立目标,找准应对问题的方法,以期在学习上更上一层楼。

我说:"你一直把廖望当做榜样,说明你有眼光,有目标。你想想,廖望是你们班的第一,文科班的第一,全校文理班的第一,还是郑州市的第一,很可能她在河南省也是文科的第一名。你和她正好在一个班,可以说,这是你的幸运!你把她当做榜样,提高成绩是肯定的。

"第二,在解决问题的方法上,你应该细线条。不要放过任何一个模糊不清的问题,发现问题,当下解决。问题解决得越及时,成绩提高得越快。可以这样说,你每解决一个小问题,成绩就可能会提高一分。"

白雪接过我的话说:"排名的时候,半分就可能往前排一名或几名。"

"是啊,发现问题后一定要在当下解决。记得你上初中的时候妈妈就给你讲过,学习没有将来时,永远是正在进行时。学习的过程,就是不断解决问题的过程。做到这一点的学生,也是很伟大的。

"第三,在高速公路上匀速前进。可以说,你现在已经在高速公路上行驶了,好高中里的好学生嘛!但我觉得,你在速度上有忽快忽慢的现象,这种忽快忽慢主要指你的情绪,这对学习不利。"

白雪听得很认真。语文老师、政治老师都说她分析问题的能力强,可能是受我们的影响,我们喜欢从一件事的表面现象看到更深的层面。

我说:"所有的人,在学习过程中都会受情绪的支配。学习效果显著的人在学习过程中能够掌控好自己的情绪,而管理不好情绪的人,学习效果就会打折扣。但是,在情绪好、自我感觉学习效果也好的时候,最容易掩盖和忽略问题;而情绪不佳的时候呢,又会因为急躁而影响自己解决问题的能力。这,都不是聪明的做法。"

白雪爸爸满怀信心地说:"白雪,你的优势很多啊!你看,在最好的学校上学,有最好的老师教着,有'伟大'的学生为同窗好友,更关键的是,你有目标、有榜样、有信心、有潜力、有实力……"他说一条掰白雪一个手指头,最后,俩人哈哈大笑。

我日记本上记录着,这件事发生在 2005 年 5 月 14 日。

一个多月后,白雪从学校打来电话,她期末考试的作文《意料之外,情理之中》得了 58 分,全校最高分。她说,这次作文中她举的例子就是廖望。

这是高二的期末,之后的白雪瞄准了保送的目标,也做好了一旦保送失利参加高考的准备。每周在她回家的这一天,她洗完澡就拿起历史书背;吃饭时和我们说同学们在教室里在寝室里如何边吃边学、如何挑灯夜战;放下饭碗又背政治;到十一点睡觉前做数学和英语试卷,两三个小时一动不动;第二天早晨六点钟,背英语的声音又准时从她屋里传出……

我们看着学习起来不知疲倦的白雪,一次次发出感慨:伟大的学生啊!

24. 友谊与成绩齐飞

近朱者赤。从白雪小的时候我就引导她，要与好孩子做朋友。我这样做，是想让她与小伙伴、好朋友之间在好的方面互相影响，互相学习。从对方的身上学习长处，共同进步，相得益彰。

《论语》中，孔子交友的标准是"无友不如己者"——有人说孔子的意思是"不要和不如你的人交朋友"。我想，这不是孔子的本意。我让学生从五年级开始背诵《论语》，在背到这一则时，我想到了我对女儿交友方面的引导。我对学生讲我对这句话的理解：如果人人都不和不如自己的人交朋友，很多人就交不到朋友了。我们应该这样理解孔子的意思：每个人身上都有比自己强的地方，和每个人的优点交朋友，就能取人之长、补己之短。"

白雪在每一个阶段都有几个要好的朋友。

好朋友的标准是什么？我们在不同的阶段对她的引导标准也不同：上幼儿园的时候，我鼓励她和大胆的、吃饭不剩的、与小朋友友好相处的、爱做好事的孩子交朋友。这时期，白雪和付哲、郑雅兰成了好朋友。

小学时期，我和她共同确立了好朋友的标准：要和尊敬老师、关心班集体、学习努力、行为习惯好、积极参加班级活动的同学做好朋友。于是，白雪和郭茹冰、马冰洁成了形影不离的好朋友，她们几个一起办班里的板报、一起筹划班级主题班队会。在五年级时，她们还一起主编了班级的文学手抄报。在学习上她们互相促进，各种能力都得到了锻炼。

六年级的时候，白雪的好朋友郭茹冰因父母工作调动要转学到外地。后来，白雪写了一篇感人的文章《风雨中的期待》，记录她俩之间的友谊。初、高中的六年间，她俩通过书信联系，互相鼓励，相继考入了重点高中、重点大学。分别了七年之后，两个好朋友重新又在上海相聚——白雪保送进了上外，郭茹冰考入了同济大学建筑系，俩人都实现了自己的阶段理想。

风雨中的期待

街灯朦胧。伞下，只有我一人的身影。

车站口，盼你归来的心情……

冰儿，你我是永不分离的好朋友，万水千山也阻挡不了我俩纯真的友谊。还记得我过生日你们大家往我脸上涂奶油的欢乐吗？还记得风雨中你我并肩狂跑戏水的张狂吗？还记得那只流浪的小狗、还有那段荡气回肠的歌曲吗？你是否会忆起我们当时的笑脸、那时的花开，还有那曾经拥有过的梦里梦外呢？今天，当我怀着既激动又"悲壮"的心情来接你时，往事的一幕幕不断地浮现在眼前。

三年了，自从你由于父母工作调动转学以来，我们没有间断过通信，因为始终相信友情不变的我俩一直为共同的目标——北大努力着。我们近似痴狂地同样爱着雨、爱着张爱玲的小说、爱浪漫的紫色、爱黛玉的《葬花吟》；我们相信永远，相信世界的美好与善良。

有个知心朋友是幸福的。回忆起我们的故事，无不带着风雨的苍茫和伞下浪漫。如今，我伫立在车站口，雨水的痕迹再一次冲刷着我仍然保持的纯真。

还犹新地忆起我的那次重大挫折。和你悬殊的成绩令我对前途茫然与失落，让我想放弃我俩的友谊。是你那几句鼓励的话语唤回了我的信心："白雪，坚持下去！不要忘记我们共同的目标！友谊是不会因为成绩而疏远的。我相信你！你也要相信自己！"当你把我从低谷中拉上岸时，我们的友谊再一次闪亮。从此，每当我再次遇到困难，我就想起了你的"坚持"！

三年前送你西去的那趟列车，如今就要载着那沉甸甸的友谊归来。三年前的风雨天气阴晦寒冷，"保重千万千万"的话语尚在耳边。不同的是，三年前后的心情已截然不同：那时的怅然伤心已化作了今天的愉悦期待。那天我们都哭了，朦胧的夜、朦胧的雨、脸上交横的是泪是雨？"一切景语皆情语"。而此时的心又是怎样一种境界。冰儿，距离和真情见证了我们不变的友谊！

风雨中，一声"呜—"的鸣笛，你归来的列车到站了……

白雪初一时在北大未名湖、博雅塔前的留影

在初中的三年，白雪和班里的王洁、李倚天等好朋友互相取长补短：你的理科好，课后我向你请教解数学题的方法；她的英语好，我们共同向她学习英语的发音和语法……在 2003 年的中招考试中，她们都以优异的成绩被重点高中录取。

高中的白雪，身边仍然有几个好朋友。家在南阳的安冬一个月才能回家一次，白雪学习安冬的自立自强；学习成绩排名年级第一的廖望每次数学考试都是满分，白雪学习她的刻苦钻研精神和严谨治学的学风。白雪和好朋友彭凌雨哲是在军训时相识的，她俩彼此欣赏。彭凌雨哲不但学习成绩名列前茅，还是校学生会的副主席，综合素质极其优秀。她当年考入北京大学，毕业后又到美国攻读法学硕士。至今，她们仍然无话不谈，互相学习，分享彼此的成长。

朋友是孩子的参照物、学习模仿的对象，有几个在不同方面有不同特长的朋友陪伴孩子成长，无形之中孩子的能力就会提高，也会进步得更快。

写到这一章时，我接到一个朋友的电话，说她正上初三、面临中招的儿子回来说，班里学风很不好，学习成绩好的学生之间相互保密自己的学习方法，不愿为别的同学解答疑难，以"这道题我也不会"搪塞。他儿子虽然认识到这样不好，但无力扭转局面，只好孤军奋战，每晚学到很晚。

我告诉朋友，孩子由于年龄小、经历事情少的原因，对有些事情的认识有局限性。他们认为自己好不容易做出的难题是自己独有的"财富"，甚至可能是下次考试时的考题，怕与人分享后自己在考试中"吃亏"。其实，他不明白，周围人如果都像他一样保守的话，恰恰会阻碍整体进步的步伐。

"你给孩子算一笔账：如果十个人当中，每个人都给同学讲一道自己钻研出来的难题，那么人人将都会做十道难题！这样不但可以节省时间，更可快速提高每一个人的学习成绩。并且，你可以品尝到与人分享的快乐，班级的成绩更会整体上升。"我让他儿子当第一个与人分享成果的人，当然了，不要一下子找太多的人，先让两三个人接受这种学习理念。我相信这种方法不但有用，而且会影响更多同学。

后来，朋友在电话中高兴地说，儿子现在学习上有四个固定的朋友，他们相互学习和交流，儿子每天都觉得学习很愉快。

关于朋友和竞争对手，我曾经适时地给白雪和我的学生们讲过不止一次：把比你强的人当做榜样，能启发你、诱导你，使你进步得更快；和把你当做榜样的人在一起,你要珍惜给人帮助的机会,让别人因与你在一起而有所收获和提高;和你的竞争对手在一起,你要把对手当做朋友一样看待,因为他能让你更加清醒地认识自己。

希望每个孩子都有阳光般的笑脸,阳光般的心灵,拥有一群同样阳光的朋友。让友谊与成绩齐飞!

25. 每一次批评都是一种提高

赞赏和激励对孩子来说很重要。但赏识要有度，要让孩子对自己有一个正确的判断。

批评也是一个很好的教育方法，它使人清醒和冷静，思考为什么会受批评，并能从中接受教训，知道今后应该怎么做。

我相信有些批评白雪会深深地铭记心中。

初二的时候，有一天白雪放学回到家就满腹委屈地说，她在学校受批评了，并向我讲述当时的场景。

"英语老师布置完作业以后，同学们抱怨声一片，说作业太多了。胡老师就点我的名批评，可我并没有说话呀！我觉得很冤枉，当时就申辩了一句。胡老师看看我，没有说什么，最后临出教室时把我叫了出去，再次责怪我不应该在课堂上顶撞他……"

听完白雪的话，我开口了："老师这样做没有错呀。"

我的话显然很出乎她的意料，白雪辩解道："老师没搞清楚就批评我，为什么呀？"

"白雪，妈妈也是老师，我认为这很有可能是老师的批评策略。"

"什么策略？"

"你想想，全班都抱怨，老师却只批评你，这是为什么？因为你是英语课代表。只有点你的名字才会对其他同学有警告作用，同学们才会马上安静下来。是不是？"

"那倒是，老师一点我的名字，全班同学马上就止住口不说话了。"

"对呀，这种效果老师在点名之前就料到了。而且，当时老师肯定以为你也会了解她的这个意图的。"

"啊？是这样啊。"我观察白雪，她脸上的表情不但没了愤懑，而且满是悔意。

我接着说："老师肯定没想到你作为班干部会不理解老师的做法。别说要你配合老师了，你不但没理会，还当着同学们的面顶撞老师。"

"哎呀，你别说了妈妈，我现在真的后悔极了。"

虽然看白雪明白了道理，但我觉得，应该以这件事为机由，让她在今后的生活中更理解老师、理解长辈。让她遇事更能理解、体谅人，生活自理能力更强。

"白雪，你听妈妈把话说完。你说老师听了你申辩后，看着你没有说什么。你想想老师当时是什么心情？她看着你想的是什么？再说了，即使老师真的做得不妥，你该怎样做呢？"

听了我一连串的发问，白雪一声不吭地看着我。她心里一定很内疚。

她说："妈妈，你分析得有道理。当时班里的埋怨声确实挺大的，老师批评我一定是种策略。还有，你几个问题问得好，我现在完全明白了，是我不对。"

白雪诚恳地接受批评，她充满懊恼地不停自责："唉，还课代表呢，我太不理解老师了，真不称职！平时您给我讲的沟通艺术都跑哪儿去了，我真不该在课堂上顶撞老师，应该课下与老师沟通嘛！"

看她真正明白了自己的不当之处。我劝慰她说："人都是在错误中成熟和长大的，对聪明人来说，每一次批评都是一种提高。现在，你应该怎么办呢？是不是应该给老师道歉啊。"

当即，白雪拨通了胡老师的电话，真诚地向老师道了歉。

挂了电话，白雪轻松愉快地对我说："妈妈，你说得对，胡老师很高兴地原谅我了。"

这件事后，我告诉白雪：尊敬老师不只是口头上说说而已，而是要落实在具体的行动中。提高工作能力，也不是纸上写写那么简单，而是要真正在实践中总结经验和教训。后来，白雪在日记中写了这件事，她在最后写道：

"妈妈是个胸襟开阔的人。她有一颗宽容的心，总是理解别人、体谅别人的难处，分担别人的哀愁，对于他人的错误却从不纠缠。这是一种伟大的情怀，是对人对己都十分重要且有益的品质。今后我会努力向妈妈学习。"

26. 有些事情不需要尝试

每当有朋友向我诉苦，说孩子迷恋电脑游戏或上网成瘾，自己感到束手无策时，我就会想起白雪对待电脑的理智态度。

"有些事情我们不需要尝试。别人的教训就是对我们的启发和警示。"自白雪小时候起，每当社会上或生活中发生了令人遗憾和难过的事情，我就会对白雪这样说，并告诉她遇到类似的情况应该如何对待。

生活中，我经常给白雪强调一些常识，比如不能摸电源开关，不能端刚开的沸水。除了强调还不行，我会将这些内容编进一个个故事里面，加深她的认识。有时候我会把这些故事安排在她熟悉的人身上，在这些故事里，我和她爸爸有时候也会是主人公。这样做的结果并没有破坏我们作为父母的形象，相反起到了让她引以为戒的作用。当然，这种做法和鼓励孩子有好奇心、敢于尝试不矛盾。

现在的郑州在冬天早已是热力公司集中供暖了，但在白雪小时候，我们烧的还是煤炉，在屋里架上烟筒取暖。换煤球时，看到火红的炉渣掉下来，我们会告诉她"烧手"。"妈妈像你这么大的时候，看外婆掏炉子时从炉膛里掉下来火红的小球，以为是小糖豆，伸手就要去捡呢。你说能不能捡呀？如果捡了的话会怎样啊？"她会回答："不能捡。捡了会烧到妈妈的手。""你说得对！这样的事情一次都不能试，不然手上会烫起泡泡，很疼很疼。"

安全意识不能放松。在马路上走，我们会强调她一定要走人行道；骑自行车上学，一定要骑在马路靠边的位置。我对她说，任何时候，人身安全永远是最重要的。"遵守纪律的人不受惩罚。""安全方面不需要尝试，一旦出事，没有后悔药可吃。"我们要让白雪记牢这些道理，遵守规则和制度。

时间长了，白雪心里就有了标尺，她能分清在哪些事情上需要创新和挑战，哪些事情是不能尝试的。

比如在对待玩不玩电脑这件事上，白雪的态度和做法就是个很好的例证。

初二时，有天白雪回来说，昨晚班里有两个男生直到晚上十点多了还没回家，家长着急了联系班主任，最后在网吧找到了他们。

我听后说:"如果他们这种行为是刚开始的萌芽阶段,还没有上瘾,在家长老师的帮助下是能够改掉的。"

"那要看他们遇到什么样的妈妈了,有你这样的妈妈,我估计不会有下次了。"

"你妈妈有这么大的本事?"

"那当然!晓之以理,动之以情。谁能不服呢?"

"妈妈谢谢你的表扬。不过,我觉得你也应该接触一下电脑啊,不然每次考试前去同学家搞突击,现学现卖怎么行啊。"

"你不是说有些事情没必要尝试吗?有那么多人玩电脑都入迷了,我如果经常玩的话,也不能保证不上瘾。既然这样,我没必要让自己上瘾之后再花工夫戒。"

听了这番话,我佩服白雪的清醒理智,也为自己给她打的"有些事不需要尝试"的疫苗产生了抗体而高兴。

我们家有一个习惯,喜欢在餐桌上讨论问题。

说起餐桌我很感慨,二十多年来,我们不只是围着它吃饱了肚子,吃好了情绪,更吃出了亲情,得到了各方面的成长。不光白雪在我们的教育下成长了,反过来,我们在这个餐桌课堂上的收获也很大。从我的职业角度来讲,很多时候,我在回应白雪的提问时,事先并没有准备,一些想法和道理是在说的过程中即兴生发出来的。事实上,这种有感而发,反而更具有针对性和感染力。有时候我会为这种有感而发感到兴奋,因为无形之中,我的思想和教育艺术、教育方法也在提高和进步。这种成长,应该感谢白雪。和白雪爸爸说这些时,他也有同感:"这些年,我们从孩子身上学到的东西不少啊。"

餐桌上,我们的谈话内容大多从白雪说的话题开始,她说的所有内容我们都感兴趣,听了之后该肯定的肯定,该表扬的表扬,该引导的引导,该批评的会严厉地批评。

有时候,我们会就一些事情给白雪举例子,让她从中受启发;有时候,我们会对她耐心引导,摆事实讲道理;还有些时候,我们"无视"白雪的存在,对一个问题交流看法。表面上我们谈论的是与她无关的、仅仅是我们关心的话题,其实我们默契配合的目的只有一个——说给她听。有很多次,白雪听着听着就会插进话来,这时我们的目的就达到了,我们顺理成章地实施了我们的"教育计划"。

可以这样说,餐桌,就是我们家的会议桌。也希望更多的家长和孩子利用好餐桌。

27. 你是谁的追星族

白雪上小学四年级的时候，有一天放学回家，她带回了几张台湾歌星范晓萱的卡片，说班里很多女生都喜欢她，是她的"粉丝"，下课后唱她的歌，模仿她的声音和动作。

我和白雪爸爸商量，得跟白雪谈谈。星可以追，但追什么星，学明星的什么，必须让她心里清楚。于是，我和白雪就追星这个话题进行了交流。

我说："妈妈小的时候也追星。"

"是吗？爸爸追过没？"

"当然追过了。但是在这一点上，妈妈有些自己的看法，咱们可以交流一下。我们小时候追星，追的是收音机里播的科学家陈景润、少年大学生谢彦波。"

"是不是你们小时候没有电视看？"她的意思是我们没有明星可追。

我明白她话里的意思，纠正说："那时候电视还没有普及，不过我们经常看露天电影，也有电影明星。我们追的，是电影和书本里的英雄人物。这些榜样激发了我们的学习斗志，使我们在学习上一直努力向优秀者看齐，让自己变得更优秀。"

我问白雪，平时你们在谈论偶像时都说些什么内容。

"明星的身高、体重、星座，还有，喜欢吃什么玩什么等等。"

我听了之后摇摇头说："那你们追捧的明星在层次上可差远了呀。我们追的是偶像的品格、意志、英勇、无私，你们追的是演员的外表漂亮、衣着华丽、发型奇异。你们这是盲目追星，不但不符合你们的学生身份，影响学生的主业，对做人做事也没有什么帮助，还会拖学习的后腿……"

白雪若有所思地听着，最后认同了我的观点。她说："妈妈，我知道了，我不再盲目追星了。"

看到白雪态度的转变，我又进一步引导她，我说："看问题做事不能跟风，要有自己的思考。比如对报纸、网络等媒体，怎样看待它们在宣传上的导向作用？这很重要。"白雪认识到，媒体应该宣传主流文化，应该倡导正面的积极的东西给大众。

后来，我看到白雪上初三时写的《社会应当首尊文化》一文，觉得她对追星的认识更清楚、更深刻了。

我们现在所处的社会，的确存在一种不正常的"追星"之风。某某歌星开演唱会，课不上也不能错过；某个影视演员的签名售书，更是早早排队等候。青少年对歌星、演员的迷恋已经到了谈论其家底隐私如数家珍的地步，对球星的狂热到了为看球赛彻夜不寐的境界。

这是存在于孩子们身上的现象，也是家长老师们头疼的问题。

究竟根源在哪里？看看每天黄金时段的电视节目吧，不是卡通就是武打，不是武打就是娱乐节目，星期六、星期天就更不用说了，娱乐节目满屏幕直晃。你听得到科学家的声音吗？看见过他们的面容吗？杂志封面让人眼花缭乱，全是身着泳装的大头美女、惊险恐怖的画面，报纸杂志旁边可能是一些儿童不宜的口袋书，而知识性读物则挂在毫不起眼的角落。数数偶像剧有多少部，再找找科普片有几许，你就会明白，我们的孩子是在这样充溢着"盲从文化"、"庸俗文化"的氛围中生活的，自然地，他也会随波逐流。愈是"追"，商家就愈喜欢。长此以往，只能恶性循环了。

面对这种现状，我们能说这一切都是孩子的错吗？你不给他这样的环境，会有这种局面吗？

我并不否认上面提到的"庸俗文化"也是文化，但决不能被我们的社会推崇为主流文化，真正的主流文化应教育我们"迷恋"科学、热爱真理、崇拜科学家和那些人类历史上光辉璀璨的伟人。

社会推崇什么，决定了国家的兴盛或衰败，这不仅关系到祖国下一代的成长，更关系到祖国的前途命运，民族的荣辱兴衰。尊重文化吧，崇尚科学吧，不要在不久的将来，我们的下一代不足以与别国的"孩子们"抗衡时，再悔恨是从小教育不力。为实现中华民族的伟大复兴，必须认定一条——走科学和文化这条路！

这是一个中学生看出的现象。

28. 不在生活上攀比

与中学老师交流时，他们总是惋惜地说，一些原本把精力都用在学习上的优秀孩子，因为在生活上和同学攀比，出现了成绩下滑的现象。

孩子出现对自己外表过分关注的苗头，多数是在小学五六年级的时候，中学以后更加明显。他们关注同学的衣服鞋子的品牌、款式，谈论新潮的发型，议论明星的外貌……有不少学生家长发愁地说，自己给孩子买的衣服孩子不愿穿，说衣服"老土"、"过时"、"没品位"，应该"PASS"、"OUT"。非要拿钱约了同学一起去买。结果买回的衣服和鞋子，家长要么不接受款式，要么觉得性价比太离谱。总之，双方相互都不满意，家里每年都要因此发生几次"战争"。

我觉得遇到孩子爱攀比的现象，家长应该先反思一下自己，看孩子身上出现这种现象是否与自己的引导有关。有些家长在孩子面前说话太随意，说到自己的房子、汽车、衣服时，口气中的夸耀在无形中对孩子起了诱导作用，助长了孩子追逐名牌的不良风气。

无论孩子多小，家长有些话都会在无形之中对孩子产生作用："知道吗儿子？这件衣服可贵了，是名牌呢。""宝宝，你穿上这件粉色的裙子简直就像个小公主！""儿子，妈妈给你买了XX牌的衣服，快来试试。"

家长这些看似随意的话对孩子却起着不小的作用，不知不觉中，这些话会对他（她）产生影响。他（她）会觉得，穿衣服是品牌重要，漂亮重要，而忽略了穿衣戴帽是为了反映人的精神风貌。

白雪在生活上从来不和同学攀比，这与我早期对她的习惯培养和有意的引导有关。

从白雪懂事起，我就经常告诉她，穿衣戴帽要干净、得体、大方，符合年龄身份。在说这些话的时候，我尽量做到让自己说出的话有明确的目的性，在她思想上起到一定的引导作用。比如，"白雪扎上红色的蝴蝶结，看起来又活泼又可爱。"活泼可爱是小孩子的主要特征，白雪听了之后，会伸直胳膊做飞翔的姿势。

"今天老师们说起路芳姐姐了，老师们说，路芳这小姑娘穿的衣服总是那么干净清爽，头上的马尾辫总是梳得一丝不乱……"白雪知道路芳姐姐，她不但歌唱得好、钢琴弹得更好，学习还努力。尤其是她的朴素大方最让老师们喜欢。我这样真情洋溢地表扬别人，其实给白雪树立了学习的榜样，使她在头脑中有了清晰的认识：小学生努力学习、朴素干净、举止大方最讨人喜欢。

"妈妈喜欢穿黑色的皮鞋，和哪件衣服搭配都合适。因为学生最喜欢端庄大方的老师。"我要让白雪通过妈妈的着装，知道穿着打扮要符合年龄、性格和职业等特点。

长期对白雪进行目的明确的引导，在她身上取得了很好的效果。白雪上的初中和高中都是市内最好的学校之一，周围很多孩子的衣着打扮都讲究品牌款式，但是，她从没有要求我给她买品牌衣服。我们俩从来没有因为买衣服时意见不统一而闹不愉快，相反，买衣服的过程中，不同的眼光、不同的选择正好给我们提供一个交流沟通的机会，最后买回的衣服总是我们母女双方都满意的。别人都说我有福气，有个这么听话的女儿。

写到这儿，我不由得想起几件令我感动的事。

白雪在上小学五年级的时候，听我们的劝说把小辫子剪掉，理成了学生头。上了初中之后，随着学习生活的紧张，她觉得每月去理发店剪头发时排队等候太浪费时间。我趁势自荐当她的理发师，白雪爸爸也在一旁说这个主意好。于是，每当她头发长了，我就给她剪。刚开始我的技术还不太熟练，慢慢地越剪越好，不到十分钟就剪好了，给白雪节省出了不少学习时间。

为了让白雪少感冒，我平时会让她上学时带瓶水。她有一个塑料壳不锈钢内胆的保温水壶，是小学六年级时买的，用了整整四年，直到初中毕业。由于班里学生多，水壶被碰掉在地上好多次，外壳由光滑到粗糙，壶盖由小裂缝到大裂缝，最后摔成好几瓣，每次我说再给她买一个时，白雪都说，保温效果没有受影响，用透明胶布粘粘就行了。上高中后，我给她换了个不锈钢外壳的保温杯。看着伤痕累累的旧水壶，白雪说还真有点舍不得扔，我也觉得是个纪念，就放在柜子的角落了。

陪伴白雪很多年的东西，不光是那个伤痕累累的水壶，还有她那辆自行车。上初中后，白雪开始骑自行车上学。她的那辆自行车经过风吹雨淋、磕磕碰碰，内胎、外胎、车筐、支架都陆续更换过，车条和车圈锈迹斑斑。但白雪丝毫不嫌弃，每次回家来仍然骑它。高中时回来骑着它去书店买书，大学每个寒暑假回来骑着它去看望老师同学，上班之后回家骑它去看爷爷奶奶。我们打趣道："白雪，这么破旧的车子，还骑呢？"白雪说她不但不嫌，还觉得很亲切。我受白雪的影响，时不时也骑这辆车上班。前段时间的一天下午，我在下班路上接到白雪爸爸的电话，于是就在离家不远的马路边就地锁上车，等他接我一起去见朋友。结果晚上回到家才想起自行车的事。白雪爸爸语气夸张地说："那得赶快去把它推回来，这辆车可不能丢。它到咱家十一年了，比你的电动车可宝贝得多。"

白雪上高中的时候，班里有很多同学开始用手机。她们寝室六个人五个都有，我们问白雪要不要给她买一个，她说不需要，拿着还得多操一份心。高二那个冬天，白雪发高烧请假了。她浑身酸痛地躺在寝室的床上，老师打来电话我们才知道。这件事过后，我和白雪爸爸都觉得有必要让她带个手机去学校，以备不时之需。可她说："没必要，我又不会天天生病。学校有很多磁卡电话，联系很方便的。"

作为母亲，听了此话我既感动又欣慰，感动的是白雪懂事、不虚荣，欣慰的是自己对她从小的教育显现出了很好的效果。

白雪说得对，磁卡电话不仅让白雪联系我们很方便，还成了她和父母维系感情的纽带。高二时，她在《我的亲情电话》里写道：

校园里，冬去春又来。篮球场东侧的那行电话亭依旧人来人往，电波不息。从旁经过，瞥见的是低头耳语者们各自沉浸于一方弧形天地诉说心肠的绝美。

西沉的落日余晖下，那排电话亭抚摸着我春日里沐浴轻风扬起的头发，囊括了夏天汗湿衣襟的等待，背负起秋色迷人落叶的忧伤，轮回了一年冬雪初来的分享。

"爸，下雪了！"站在萧瑟寒风中的我开口叫。

那根细长的电话线让我随时和正在购物的妈妈相连，牵挂或许正在办公桌前的爸爸。或喜或忧，我都愿意在第一时间和他们分享。每当我把满腹的兴奋、压抑、犹豫、沮丧倒给电话那头的爸妈时，总会被赐予他们早已准备好的安慰。我静静地听着也许是早已知晓的答案：赞扬、鼓励、讲道理，渐渐地，我的心中变得轻松，重负不再。

努力想做到尽量不依赖父母，可还是忍不住要听听妈妈的声音和爸爸的玩笑。或许真是这样，在父母面前，我们永远都是长不大的孩子。

"考试成绩很不理想，我在怀疑……""你现在要做到不是急急忙忙不知所措地怀疑，而是坚持。没有什么捷径，也不要轻易改变用之已久的学习方法。找到症结，继续努力。爸妈相信你。"妈妈安静恬淡的口吻直说到了我心窝最柔软处，我这才发现，原来正如人们所说的那样，母亲的话语是最好的创伤抚慰剂。

在中秋节、在父母结婚纪念日、在晴天、在雨天、在清晨、在夜晚，我都会试着通过电话传达给他们我一切都好的消息。

电话是我和爸妈之间沟通的纽带和传递爱的线波。在打给爸妈的每一个电话中，我汲取到了爱的力量。

29. 早恋：黑板上的关键词

早恋是家长对中学生最大的担心，家长都怕孩子因早恋分心而影响学习，影响考学，影响前途。

男生女生互相有好感其实在小学高年级就有苗头了。在白雪小学六年级时，我一个朋友发现她上初一的女儿早恋了，朋友打电话咨询我该怎么跟女儿谈。我问了详细情况，决定借此事给白雪打一支早恋的"预防针"。

"姗姗姐姐欣赏她班里的一个男生。"我没有说姗姗是早恋，而是说"她欣赏一个男生"。其实这个阶段的男女生之间就是单纯的互相欣赏和互有好感，是"惧怕早恋"的家长和老师过早地定性甚至打骂，使一些孩子产生逆反心理而真的早恋了。

我平静地对白雪说："欣赏别人的同时要保持自己的优秀，让别人反过来欣赏自己。可是姗姗却因为过分关注这个男生，而使自己的学习成绩一路下滑了。这让她妈妈好担心，你们班一定也有这种情况，对吧？"

我坦诚而平静地说着"很有把握"的话，白雪也敞开心扉对我说了他们班的一些小秘密。我听了之后说："我觉得同学之间互相欣赏不奇怪，但是交往时不注意分寸就不对了。今天下班时，我在校门口看见七八个男生女生相互追逐打闹，这样就不好了。妈妈今天告诉你一句话，你听了肯定会心中一亮，明白今后该如何面对男女生之间的好感。"

"什么话？"

"在正确的时间做正确的事情。"

"在正确的时间做正确的事情。"白雪跟着说了一遍。

"对。该走路时学走路，该用筷子时学用筷子，每个年龄有每个年龄应该做的事，刚会走路的孩子非要跳绳肯定要摔跤的对不对？"

"哈哈哈哈，刚会走路学跳绳。妈妈你太能想象了。"

"是啊，像现在的姗姗吧，仅仅是刚开始分心，如果不及时明白这个道理，肯定会影响自己的将来。妈妈希望你做一个明白人，永远在正确的时间做正确的事情。成功者都是这样做的。"

这次早恋的"预防针"在白雪身上产生了抗体，加之在白雪初中三年走读期间，我们和她及时沟通，所以，处于花季的她能够主动排除来自异性的吸引。高中时，又有李老师那次早恋的"加强疫苗"，白雪在最关键的高中时期一直专心地投入学习。

白雪不至一次地回忆起她的高中生活，她说："那三年是值得我终生怀恋的时光。难忘和我们一样早起晚睡的老师，难忘和我一同奋斗的同窗，难忘晨操时整齐划一的步伐，难忘晚自习时同学们'霸'着老师请教问题的贪婪，难忘毕业时我们在校园里留影时的欢声笑语，难忘李老师给同学们上的那堂经典的'早恋课'……"

那本是一堂思想政治课，被白雪称为"早恋课"。还是让她《黑板上的关键词》一文再现这堂"思想政治课"吧！

曾读过这样一句反驳谆谆教导不要"早恋"的经典句子："爱情无所谓早和晚，只有有或者没有。"我想，处在热恋中的学生情人们一定会认为自己的那份爱是"早"来但最真的感情。他们会固执地相信天长地久，相信对方的爱"蒲苇韧如丝，磐石无转移"，有任凭老师劝、家长训都拆散不了的坚定。可结果往往是伴随着距离和时间的丁点改变而曲终人散，脆弱不堪。

我不相信所谓的"早恋"会有什么结果，但若非要寻出个什么结果来，我想从班主任李老师给我们上的一堂"思想政治课"可以得到答案。

也不记得是从哪个哲学命题就扯到"情感"上了，李老师说："给你们讲个故事吧。"大家齐声叫好。于是李老师开始说："这是《读者》上的一篇文章，《兵马俑》，都看过吧。嗯，是这样的，建国后不久，我国考古学家就发现了兵马俑，但由于技术、资金都还不行，一直等到20世纪80年代才开掘了一小部分，且主要是供外宾参观。这是多风光的事啊。这时就有人提出再多挖掘些，以吸引更多的游客。我们现在的技术水平有了，资金也足了，可为什么还是没有全部开掘呢？你们谁知道？对！就是因为我们没有条件、没有能力和资本去保护它。"

我已经听出了李老师的弦外之音。

"就像你们所说的'情感'。"李老师拿起粉笔，转身在黑板上写下了情感两个字。这是他的习惯，只要遇到关键词，必写在黑板上。你们可能有人会说，如今我都领了身份证了，我是一个成人了，还要你管什么情感。我承认，你们现在有这个可能或说是能力去实践你的那份情感，可是你有能力有条件去保护吗？你们能保持你们的情感吗？"

我一边惊叹李老师讲话的直白与无谓,一边暗暗佩服他话题切入的巧妙。台下早已是笑声一片,49个女生和10个男生组成的文科班少了一些起哄的声音,多了一些笑声。也不知是哪位"反应滞后型人才"小声问了句"什么呀?他说的什么?"是故意搞笑。李老师那认真严肃的脸上竟闪过一抹笑意,紧接着又说道:"什么,还不知道,就是早恋。"可怕的事情还是发生了,他又转过身像讲课似的在黑板上写下了这个关键词:"早恋"。

台下简直笑爆了,大家都在想,难道风平浪静的文科班起了令班主任为之侧目的涟漪?

李老师仍然不受"干扰",继续讲,"我可以直言不讳地告诉你们。在一个不成熟的年纪里,当你爱上了别人,你将失去自我;当别人爱上了你,你将失去自由;如果你们彼此相爱,你们将失去整个世界(李老师的声音提高了好几个分贝)!"

台下女生几乎惊叫了起来,连称经典,甚至响起了依稀可辨的掌声。男生早已笑成一片,竟有人喊:"老师,再说一遍。""老师,说慢点。"李老师笑了,"什么?你们还想做笔记啊?"

环视教室一周后,李老师接着说:"我的话还没说完呢。嗯,如果你们彼此相爱,你们将失去整个世界,并不能善终。"班里一下子寂静无声,静得仿佛玻璃杯下坠时无助的窒息与可预见一秒钟后的粉碎激越。再一次,李老师铿锵有力地将"善终"两个超大字号关键词留在了黑板上,这一刻就如玻璃碎片穿心似的在同学们的心里烙下了痕迹:不能善终。

下课铃没有眼力价地响了,同学们齐呼:"老师,继续。老师,继续。"

李老师笑着说:"好,我们看下一题。"

"啊!"同学们一脸遗憾。

……

30.《爱与成长》述说成长故事

《爱与成长》是女儿在高中的时候发表在《大河报》上的一篇随笔。里面述说了我与别的妈妈对待孩子不一样的教育方法。

妈妈在写给我的信上称呼"女儿",看到这个称呼,我的心顿时酥软柔和下来,不再急躁、毛手毛脚,不再埋怨为什么妈妈从不抚摸我、从不像别的阿姨一样天天亲昵地呼喊:"乖,我的乖哟。"妈妈温柔,但对我从无亲昵举动,甚至总训斥我别黏着她。现在我懂了,我快速适应并愉快地生活在一个人的世界里……

我终于发现,是妈妈细节上的良苦用心才成就了今天的我,成就了她理想中的女儿——一个独立的女孩。

……

读着报纸,我不禁会心地笑了。原来,女儿心里是知道"标准"的!妈妈对她的"不爱"在她看来恰恰是最好的爱。

我想,女儿能够这样理解和认识,与我们对她从小"关心关爱但不溺爱宠爱"这个原则分不开。

回忆起女儿的成长过程,我们一直引导她"在每一个阶段做好每一个阶段的事","在正确的时间做正确的事情"。对她的培养,我可以简练地做这样一个概括:幼儿园、小学是滑行期,培养良好的行为习惯、注重各种能力的培养;初中是起飞期,将教育和自立相结合,为高中阶段的独立自主奠定基础,实现大学时期的腾飞。

几个小故事的碎片或可看出女儿的成长足迹。

小时候,全家人都习惯叫女儿的乳名——宝宝。但这个称呼从她三岁半上正规的幼儿园那一天,我们就再没有叫过了。

1990年的7月,单位派我去上海学习,需要把两岁半的白雪送到百里以外的外婆家。临行前,我对她说:"宝宝今天不要妈妈抱,自己走路去坐公交、坐火车好不好?"女儿很高兴地答应了。于是,从出家门到公交车站,从下公交车到火车站,然后进站、上火车,她果然没再要求让我抱。下了火车之后,走地下通道出站,直到外婆家,都是我拉着她的小手走。她不但没有让我抱,还边走边背唱儿歌:"小腿越走越有劲……"

上高中的第一天,我们送白雪到郑州西开发区的外国语中学。报完到我们帮她把行李送到寝室。进了寝室,看到其他五个同学都到了。上铺有妈妈正跪着给孩子擦床铺床,下铺是爸爸帮着擦书架书桌。我提议说:"白雪,你自己来,妈妈给你打下手吧。"其他家长们热情地告诉我们,斜对面洗漱间里有水,白雪谢过之后就去端了水来,脱鞋子上床。看她熟练地整理自己的内务,我心里不由得想:从小对白雪进行的自理教育现在有成效了,对她高中的寄宿生活,我基本上可以放心了。

报到后的当天下午就开始了为期一周的军训,为提高学生的独立能力,帮助其适应集体生活,学校要求学生在此期间不和家长联系。军训结束的那天,白雪用同学的手机打电话来,说她可以搭同学爸爸的车回家,不用我们去接。我和她爸爸商量着要不要去接她,后来还是决定在家里等她回来。一开门,晒得黑红的白雪,穿着迷彩服背着背包,笑着走了进来。她告诉我们今天在校门口看到的壮观场面——接孩子的车辆拥堵得水泄不通,很多家长见到孩子都哭了。我问她:"看了这场面你什么感觉?我们不接你,你心里怎么想?""我?感觉很好啊,我觉得我长大了!"

我鼻子一阵发酸。十五岁的白雪,她没有攀比,没有虚荣,她把这一切看做是成长!我肯定地赞扬道:"是啊!白雪,妈妈觉得你真的长大了,心理上的自立最能说明一个人的成熟。妈妈相信,你能很快适应高中生活。"

事实正是这样,白雪高中三年的寄宿生活,我们很少操心。

大学四年的生活,白雪让我们同样放心而且宽慰。

白雪说,大学期间,除了有为同学服务的热心,把学生工作做好以外,还要把学习搞好。即所谓"打铁还需自身硬"。四年总共八个

白雪的大学毕业照

学期,白雪有七次获得的是一等奖学金,只有一次是二等。除了正常的学习之外,她还两次代表学校到绍兴参加全国大学生韩语演讲比赛;到北京参加全国大学生韩语作文比赛;参加上海市第一届"上教杯"韩语演讲比赛;获得了两次出国机会,一次是土耳其的大学生国际实习,另一次是去韩国延世大学进行语言研修。从提出申请、递交材料、面试、签证、到达机场后联系学姐学兄接机、安排食宿……每一步都是她独立完成的。

在土耳其的 homestay 家里,她教土耳其的弟弟学习英语,和他们一起去果园摘果子,和土耳其妈妈一起做饭,和这家人相处得非常融洽。回家时,她让爸爸在后边看着她怎样把七十斤的行李箱从一楼提到六楼。白雪怀着感恩的心给我们介绍她的土耳其家人如何把她当成亲人,带她洗温泉、买家居服、去棉花堡和伊斯坦布尔旅游。临回国前,土耳其家的妈妈送了她手织的围巾、手袋,可见那段时间的相处让她们产生了深厚的感情。从这些事情中,我们不断感觉到白雪思想的成熟、各种能力的提高。

作为家长,我们除了给孩子生活上的关爱,除了给孩子提供奶粉、蛋白粉、钙片、鱼油、多维素、营养素,更应该给孩子提供另一种"营养"——心理成长的营养。那就是:良好积极的心态、知难而进的勇气、自立自强的独立人格、吃苦耐劳的精神!

第二辑

哺育·互动·共成长

我与学生的教育故事

1. 和学生一起成长的幸福

有一种对幸福的解释我很认同——做自己喜欢做的事。按这个标准,我就是个幸福的人——一个喜欢学生的小学老师。

多年来,我脑海中常闪现出十六岁刚上师范时,初次看到"学高为师,身正为范"八个字时的情景。看到这八个字的那一刻,我的内心深处产生了对教师这份职业的敬畏和崇拜感。

二十六年后的今天,很多情况都发生了改变。校园里,我的角色由年轻教师变成了中年教师;家庭中,我由妈妈的女儿变成了女儿的妈妈。但是,有一点没变——我依然葆有着对教师职业的热爱,依然是那个幸福地看着学生快乐成长的小学教师。

2003年秋季开学的时候,我开始教语文兼担任班主任。于是,我开始了和八十个学生整整六年朝夕相处的愉快时光!

从2003年到2009年,我把他们从一年级带到了毕业,我将自己的所学、将自己的教育理念和育女经验,在一个班的学生的身上连贯地运用和实践,让学生在我的引导下顺利完成由童年到少年的过渡和转变。

有这段经历的小学老师并不多。因为在小学,学校一般都按学段安排老师任课。要么按低年级、高年级段安排,有的老师只教一、二、三年级,有的老师专教四、五、六年级。也有的学校按低、中、高三个年级段安排老师任课。班主任也是如此,从一年级到六年级,给一个班的学生当六年班主任的情况不常见。有的老师直到退休,也没有过这种经历。

所以今天看来,我仍然珍惜和感谢这六年!因为在这六年中,我和学生之间发生了很多故事。六年当中,我在帮助学生成长的过程中,孩子也反哺着我在成长。

一个个笑脸掠过,一个个镜头闪现。八十个天真可爱的学生们从奶声奶气、令人捧腹的可爱孩童,长成了八十个举止大方、彬彬有礼的"成熟"少年。他们从书包都不会收拾的小不点儿，发展到自己组织、挑选运动员参加学校的运动会；从各自为战、办一张小小的手抄报，到共同合作创办图文并茂的班级"阳光少年"报；有些孩子从内向拘束到开朗大方，由不敢发言到向陌生人推销自己办的报纸；从一年级写一两句拼音日记，到全班毕业时在省市级以上报纸杂志上发表作文达八十多篇。

如今，许多当时在班上只是身处"中游"的学生，都从原来的"中游"游向了"上游"，升入中学后，成为所读学校的"上游"先锋。

这一切，作为老师，我深感喜悦和欣慰，我深切地感受到了当一名教师的光荣和自豪，更从孩子们全面健康的成长中体会到了最大的人生快乐。

于是，有了这些小故事。

一个个故事中，有引导他们如何读书的《最芬芳的味道是书香》；有他们诵读国学的《读出论语中的智慧》；有一年级时从写一两句话开始的《作文，从拼音日记开始》；有五年级时在班级开办博客的《班级的博客圈》；有三年级时《十五篇作文引发的奇想》；有四年级时自主办报、自主发行的《阳光少年成了小作家》；由第一次采访的《兰姐姐寄语》，到《六班的记者群》……

同我女儿的成长经历一样，从这些学生身上体现出的，也不单单是他们学业上的成长，更是他们在精神、意志、品质、能力、耐力、勇气等方面的成长。书中有部分章节，所写内容是有关"诚信"、"关爱"、"奉献"、"感恩"、"挑战"的，这正是我对教育、对培养人才的真正理解——不但学会课本知识，也学会分析与思考；既要会合作与竞争，也敢于继承与创新；在明白做人的道理的同时，也学会懂得感恩与责任。看到学生们渐渐朝我的培养目标接近，我在欣慰和自豪的同时，更深切地感受到作为一个教育者，应该践行"教书育人"的责任。

育人在先，书自然好教。当学生在人格、思想方面得到提升之后，对学业自然而然就有了更高的要求，学业成绩的提升也就成了水到渠成的事。

在多年的教育教学中，我发现，绝大多数孩子都有着强烈的上进心，他们好的表现受到表扬后，就会在各方面都更加上进。"以德促智"就是这个道理。老师能从适合学生的教育方法中品尝到教育的喜悦，也发现学生在合适的教育方法的引导下变得越来越上进。这样，每一个学生都能从现阶段所处的"中游"位置游向"上游"。

感谢我的学生们,与他们相处,我不断学习,不断成长,也不断收获快乐。我不止一次地认识到:孩子也是我们的老师,他们也在反哺着我们不断成长。或者可以这样说,为了孩子们更健康地成长,我们应该不断地"被学习"、"被成长"。

2. 孩子是家长的一面镜子

一年级时，学生朱原禾患腮腺炎发烧了，需要通知家长。就在我拿起手机时，她对我说，爸爸出差了，让我打家里电话通知保姆。这孩子的妈妈在国外学习，平时爸爸工作又忙。我问她爸爸出差几天了，她说四天。

看她烧得红红的小脸，我不免爱怜地抱了下她的肩膀。多懂事的孩子，爸爸出差四天了，她该写的作业、该背的书一样没落下。

我国著名教育家叶圣陶先生说："教育就是培养习惯。"从朱原禾身上，方方面面可以看出她的好习惯，这与她父母的言传身教分不开。跟她一样的许多好学生的身上，都可以看出家长的影子。

有一次，一个家长找到我，说她昨晚和上二年级的女儿大吵了一架，原因是女儿没整理书和书包。

"我下班后回到家，见女儿在客厅的沙发上吃着零食看电视，我问她作业写完没，她说今天作业很少早就写完了。我走进她的房间一看，书桌上乱七八糟，我的火一下子就上来了。我让她过来整理完书包再看电视。她随口就说，你整呗！我再叫她，她又说她整不好，说不定明天又会少带东西要我送。咦，她上学还是我上学？这整理书桌和书包竟成了我每天的功课了！我一气之下关了电视，她立刻大哭起来。我的火更大了，拉过她打了一顿……"

看着家长气急败坏的样子，我问了她一些细节。"为了让她多睡会儿，每天早晨我都是做好早饭后再叫她起床。她迷迷糊糊地闭着眼，我就拿她的胳膊往衣服里塞……就这样，起床后还跟我闹呢。"

我听后对她说："我说了你也许会不高兴，孩子这样全是你的责任。"

她苦笑着说："其实我知道，是因为我太娇惯她了。有时候我也想改变，但坚持不了几天就又回到原来的模式里了。"

"很高兴你能认识到原因。这就是孩子问题的症结。教育孩子是教，是育，最关键的是教育的持之以恒。"

那天我们聊了很多，可以说，我是在给她"补"一年级家长会的课。

我告诉这位家长，孩子各种习惯的培养都越早开始越好。培养孩子的学习习惯，要从小学开始。家长应该抓住孩子入学这个时机，配合老师从各方面要求孩子，培养孩子养成良好的习惯。比如按时起床、按课程表整理书包、主动按时写作业、不迟到、按时作息。只要有要求，相信孩子能做得很好。

"我总觉得她小，担心她做不好。"

"很多家长都像你一样，其实这种担心是多余的，孩子的接受能力很强，很多时候超出大人的预期和想象。他们能整理好书包、削好铅笔、记清楚作业。不要对孩子事事不放心。"我肯定地回答她。

她不停地点头应答。

怕她再出现反复，我接着强调说："今后，如果你再发现孩子身上有问题，一定要先检讨自己，看是不是自己的榜样作用没起到？还是对孩子的要求不明确？是家长心软迁就了孩子？还是计划没有持之以恒地执行。"

家长笑着道谢。分手时，我在纸上写了句话送给她：孩子习惯好，家长很省心。养成好习惯，家长更省心。

还有的家长说，孩子记不住老师布置的作业，放学回到家不是打电话问同学，就是依赖老师给家长发信息。有的家长上着班还得估算着孩子放学的时间，掐着孩子到家的时候给孩子打电话，对着手机一样一样给孩子"布置"作业。这样的习惯，使孩子养成了依赖心理，造成的后果是哪天老师不发信息，他的作业就做不全了。

我不建议老师利用"校讯通"发信息布置作业，这样对孩子没有任何好处。我很少给学生发信息布置作业。比起用便签本记作业，我更提倡学生在老师布置作业的时候认真听老师说，用心记作业内容。我每次布置完作业之后，会让学生和我一起复述一遍。刚开始，有个别学生会出现作业写错格式、写错内容的情况，但经过我几次单独叮嘱之后就好了。可见，老师只要要求明确，学生是可以做到且做好的。

俗话说，"有其父必有其子"。多年来，我对这句话感触太深了。可以说，孩子就是父母的一面镜子。是家长的不同造成了孩子的差别，孩子的问题决不单单是孩子个人的问题。

家长朋友们，家长是培养孩子习惯的第一位老师。无论是在潜移默化中给孩子起表率作用，还是有意识地对孩子进行培养和塑造，家长都要重视自己的作用。只要我们关注孩子的成长，倾听孩子的心声，相信孩子一定会拥有好习惯，拥有美好未来的。

习惯决定性格，性格决定命运。让我们把今天当做教育孩子的起步吧，从现在开始！和孩子一起开始！

3. 孩子写作业，陪与不陪有说法

只要对孩子的教育用心，不同的人有不同的教育方法与体会。对待孩子的作业也是如此，有的人说，陪着孩子学习，孩子不易分心，效率高；有的人却说，陪孩子容易使孩子在心理上形成依赖。我的体会是，"陪"的应该是孩子的情绪，而不是像一个监工一样坐在孩子的身边。

有的家长喜欢坐在孩子旁边盯着孩子写作业。他们目不转睛地盯着孩子写字的小手，还不停地说，："这一横写短点。""用橡皮别那么大劲。""不对！又错了。""你怎么不想清楚再写呢？"

这种看起来好像很"负责"的做法，其实是对孩子注意力的一种干扰，不但起不到好作用，反而让孩子无所适从。

我所谓的"陪"，是指关注孩子的学习情绪，关注孩子学习过程中的状态，让孩子在愉快的情绪下学习。

孩子学习习惯养成的最好时机在一二年级。尤其是要抓住刚入学的前两个月，这期间，家长对于孩子的作业可以给予一定的辅导，但不是全程陪着孩子。主要是让孩子熟悉各科作业的标准、格式、规则。待孩子掌握这些要求之后，就可以逐渐放手了。

但是，有关背诵、读书、讲故事之类的作业，我赞成家长"陪"。此时，有时间和能力的家长要参与到孩子的背诵过程当中，这样做好处有很多。与孩子一起背诵，孩子能学会一定的记忆方法；与孩子一起读书，孩子能学会思考、学会提问、学会感悟、学会表达；与孩子一起讲故事，能提高孩子的情商，让孩子学会分析和辨别。孩子年龄越小、年级越低，家长参与得越早，效果就会越好。

操作中，家长要充当起孩子"伙伴"的角色，这是为了提起孩子背书的兴趣。歌德说过这样一句话："哪里没有兴趣，哪里就没有记忆。"这句话说中了幼儿的记忆特点。聪明的家长从不用"命令"的方式强迫孩子记住这、记住那，而是与孩子在看似游戏的学习中记住要记的内容。比如说唱歌谣、讲故事、猜谜语、唱儿歌等都是好方法。"我们把这个儿歌背会，等会儿爸爸下班后你背给爸爸听。""妈妈当小朋友，你给我讲讲这个故事吧！""我们两个比赛谁先背会这首诗好不好？"处在这样的学习环境中，孩子大脑皮层有关区域形成的兴奋感就会让孩子的学习兴趣增加，当然记东西又快又牢。

女儿小时候时，我经常和她一起讲故事、背儿歌，有时我会故意"装笨"，少背一句或者背错字词让她纠正。遇到她不熟练或容易出错的地方，我尤其会"频频出错"。这时女儿就会指正我："不对不对，妈妈背错了。""哈哈，又错了。"于是，她在纠正我的错误过程中加深了印象，很自然地背会了要背的内容。

孩子再大一些的时候，家长就可以从记忆的规律性方面着手训练孩子背诵了。家长可以根据不同的记忆内容，训练孩子用不同的方法记忆。理解记忆、归类记忆、联想记忆等都是常用的好方法。背诵过程当中，家长适当地和孩子说说自己的体会和感受，有助于孩子的理解和记忆，对孩子了解记忆规律和方法有帮助作用。

我班有个女生，在每次检查《论语》的背诵情况时，她都是第一个背会的，而且背得滚瓜烂熟。我让她给大家介绍经验，她说是妈妈和她一起背的。我听了之后很佩服她的妈妈，于是打电话过去询问详情。

女孩的妈妈说，她和女儿一起背《论语》的这段时间，她觉得自己很愉快。因为《论语》里面所讲的道理让她觉得自己在进步，在提高。"为了让女儿背得快，我总是前一天在电脑上查译文，理解后背会。第二天辅导女儿背的时候再把我的体会告诉她，这不但能让女儿较快地背会，准确地理解意思，还让女儿对我越来越佩服了，我感觉女儿背东西也越来越快了……"

孩子成长的同时家长也在成长，这是多好的"陪"啊！

相反，有些家长也在孩子旁边"陪"着孩子背书。他们盯着、吵着。"快背！笨死了，就这短短的两句你都背不会。""再给你五分钟，背不会小心我打你的屁股！"孩子的心里一直处于防备家长的状态，怎么能记住书上的内容呢？到头来，所用的时间与上面的母女相同，达到的效果却大不相同。

家长应该"陪"孩子的，是孩子学习时的情绪和状态。家长应该努力把孩子引导到良性循环的状态下学习和生活。否则，今后可能要"赔"出更多的时间和精力来想弥补、修正。

4. 作文，从写拼音日记开始

听、说、读、写是语文的基本功。作为语文老师，我深知应该让学生熟练掌握这些基本功。

从一年级学完拼音开始，我就让学生坚持写日记。最初，每天只写一两句，后来循序渐进地过渡到写一段和一篇。我的目的是希望通过这种训练，提高学生的书面表达能力，从而为学生中年级的作文打下较为坚实的基础。

在实践和探索中，我着力从以下方面对学生进行了训练。

一、让"奉命而作、害怕作文"变"主动而作、喜爱作文"

不少家长们可能都有这种体会，孩子不爱写作文。即便一些日记写得很好的学生，其家长也反映，孩子在写作过程中存在畏难情绪——把日记当成任务。究其原因，是因为孩子认为写日记是件"令人烦恼的事"。比如，有个孩子的拼音日记上这样写道："今天下午放学，为了写日记我又哭了，妈妈批评我不主动。老师，我不想写日记。"

那么，让孩子获得愉快的情绪体验，情况是不是就改变了呢？

我以"读日记"的方式调动学生的愉快情绪，也让孩子们互相交流、互相学习、分享成功的经验。

每次改完学生的日记，我都选出"取材好"、"教育意义大"、"语言生动形象"、"富有生活情趣"的日记在班里读。虽然他们写的只是一两句的拼音日记，我却读得"声情并茂"。

"今天，我的作业本上又得了一个"小小书法家"的印章，爸爸表扬了我，我很高兴。"

"放学回家时，我在路上看到一个小女孩又哭又喊，我看了一会儿，原来她非要让她妈妈给她买零食。唉，她的表现真不好，我可不学她。"

被读到日记的孩子会自豪地左顾右盼，以后就会更积极地对待日记。其他孩子则羡慕不已，还会想，"他写的事情我也知道"，"原来写日记这么简单呀"，从而产生"下次老师也会读我的日记"的自信。

郑立晨同学在日记中写道："今天老师读了张家耀写的《春雪》，我觉得写好日记并不难。因为他写的我都看到了，我要让老师下星期也读我写的日记。"

随着所学汉字、词语的增多和理解力的提高，我给学生提出了"把句子写成段"、"把段落写成篇"的要求。孩子们的描写就更加生动有趣了，有时图文并茂，十分好看。王梦宇、康雯昕、张家耀等同学的作文还相继在《作文指导报》、《大河报》上发表了，我对他们说："你们一年级就在报纸上发表文章，真了不起。我们家的白雪姐姐在五年级时才发表了第一篇呢。"全班学生听了之后都很受鼓舞。

逐渐地，学生由原来的"奉命而作、害怕作文"变为"主动而作、喜爱作文"了。《东方家庭报》以"拼音日记，童心闪闪"为题，报道了我对学生进行日记教学的做法，产生了较好的反响。

二、"自主"与"命题"相结合

为提高学生的语言概括能力，使他们学会围绕中心写日记，我让学生给每篇拼音日记都起个题目。于是，学生们写出了《评文明小组》、《逛公园》、《吃麦当劳》、《寻找春天》、《扔纸飞机》等日记，校内校外多姿多彩的生活应有尽有。很快，孩子们的拼音日记在不知不觉中又上了个台阶——篇幅长了。多数孩子能用短则几句，长则两、三段的篇幅表达出这些生活内容和场景。读起来生动有趣。

例如，周悦盈同学的日记《花开了》记述了一朵花开放的过程。

前天，我买了五朵花苞，都是红色的，它们还没有开，正在睡觉呢！我回到家，把花插进花瓶里。先放点水，再放点盐。

昨天，我发现花开了，我很好奇，就走过去仔细看。突然，我发现有两个花蕊露了出来，于是我赶紧给花瓶换水。

今天，我走到花的旁边，看见花又比原来大多了。原来的花就像一个小宝宝，而这次的花就像一个巨人，有劲儿得很。我观察了一会儿，决定把它写到日记里。

对于学生们有共同体验的事情，我会让学生写命题日记。这种命题有其明确的目的性和针对性。比如一年级有篇课文《我也敢和高手比》，文中的小白兔敢和骏马赛跑。我让学生在日记里也以一个或几个在某方面比较出色的"高手"为竞争对手，同他们的优点比赛，赶上或超过他们，让孩子从小树立竞争意识，乐于向高手学习，敢于向比自己强的人挑战。

这篇命题日记达到了我预期的效果。每个学生都确立了自己学习的目标。

有的要和上课积极发言的同学比；有的要和热爱劳动、关心班集体的同学比。荆桦同学的字已经写得很好了，他就把老师确立为他的竞争对手。

他写道："我要让我的字赶上白老师的字。"

张家耀同学更"贪心"，他写道：我要和荆桦比，超过他的字。我要和朱原禾比，比她还要遵守纪律。我还要和王灿宇比，上课积极发言。

一篇日记，在班里形成了"比、学、赶、帮、超"的良好竞争势头，这可是我事先没想到的。

三、评价的艺术

合理的、恰到好处的评价，具有激励性和导向性，能够激发学生产生写作文的兴趣，同时有利于提高学生的写作能力。

无论是对待学生的拼音日记，还是后来的作文，我都尽量做到每篇都批改。"批语鼓励"、"内容互动"、"有问必答"、"圈圈点点"是我经常采用的方式，学生能从这些地方感受到老师对他的喜爱和认可，获得愉快的情绪和成就感。这对孩子是一种很大的激励。

在批改学生日记时，我有一个很深的体会：改日记的过程其实是和孩子进行情感交流的过程。"你真是个懂事的好孩子！""你的星期天真快乐呀！""有机会老师一定到这个地方看一看。""你节约用水的好习惯值得大家学习。"……这些批语，对孩子起到了很好的激励作用。

但是，因为我校的班额大，八十个孩子的班，每次都给所有的孩子写上有针对性的批语是不现实的。所以在更多的时候，我会将写批语和在句子下面画红圈圈的方法交替着使用，这种方法可以使每个孩子都不定期受到老师的"优待"和"奖赏"，既能鼓励孩子们养成好的日常行为习惯，还能增强他们写日记的自觉主动性。每次把日记本发下去，他们都是迫不及待地先翻开日记本找批语。

看他们喜悦地读着批语，我心想：我又找到了一种沟通师生感情的好途径。

慢慢地，不需要老师提醒，学生们就会主动去写日记了。即使最紧张的期末复习阶段也未间断过。看到写日记成为学生的一种自觉习惯，看到学生的日记篇幅越来越长，内容越来越生动有趣，我由衷地感到高兴。

5. 怎样面对孩子说谎的"天性"

"有一次，妈妈给我布置了背歌谱的作业，可妈妈一走，我就开始玩。妈妈打电话问我：'你的谱子背熟了吗？'我说：'背熟了。'当妈妈回来让我拉琴时，我却不会……"

"我撒过一次谎。那一次，我带到学校的水没喝完，我怕回家挨妈妈批评，就把水倒在路边的花坛里了。到了家我对妈妈撒谎说，我带的水喝完了。"

……

几乎每个人在成长的过程中都说过谎。许多正处于学龄期的学生都有过撒谎的经历。他们撒谎出于各种各样的心理，比如低年级的学生想出去找小伙伴玩，想再多看会儿电视，想玩电脑；中学生想周末约同学外出，或者考试失利等等。这时，很多孩子为了满足自我要求，会向家长或者老师撒谎。

当然，有些孩子即便有同样的理由，有时哪怕是受了批评、闯了祸，他们也会毫不隐瞒地如实告诉家长。

同样是孩子，为什么表现会如此不同呢？这跟孩子们从小受到的引导密切相关。为了让学生从小树立诚信，做一个诚实的人。联系平时孩子们的言行，我根据二年级学生的特点，在我们班开展了"做诚实好孩子"的活动。

首先，我让孩子们讲跟"诚实"相关的故事，例如他们从小就熟悉的《狼来了》、《说谎话的猴子》，孩子们在听故事和讲故事的过程中往往明白对与错、是与非。与此同时，我在《辅导员》杂志上找了一篇名叫《播撒诚信的种子》的文章，复印并发到每个孩子的手里。让他们像对待课文一样，学其中的生字、词语，讲解文章的含义，再让孩子们对照自己平时的言行，在小组中讨论、交流，直至最后背会文章。

为了达到活动的目的，我鼓励孩子们在讨论时无拘无束、畅所欲言，让他们说实话、说真话。在讨论前，我说了这样的开场白："孩子们，你们知道吗？几乎每个人在成长的过程中都说过谎话。包括你们知道的许多伟大的人物。老师和你们的爸爸妈妈也不例外。"

当孩子听到老师也说过谎话时，脸上的表情是惊奇和兴奋的，互相做着怪样。我接着说:"说谎是不好的,也是不对的,只要认识到了,以后改正,就仍然是个好孩子,长大了仍然会是个人人尊敬的好人。你们说过谎吗?能告诉我吗?能够说出来的孩子一定是个勇于改正错误的好学生。老师相信他以后肯定是个诚实的人。"

受到鼓励的孩子们一个个由迟缓到果敢地举起了小手。我做了个制止的手势,神秘地对他们说:"老师想听听你们的心里话。请你们把这些写出来,写在你们的日记本上让老师看好不好?"

孩子们显出心存戒备的样子。

我进一步诚恳且神秘地说:"老师会为你们保密。"

孩子们多么天真透明啊!他们听了我的话,十分乐意又放心地点头微笑了。

在收上来的日记中,孩子们写出了各自的内心独白。他们毕竟是孩子,爱玩是天性,大多数学生的说谎理由无非是想多玩一会儿。他们毕竟都有好胜心,说谎的目的是想给老师和同学一个好印象,想在家长面前展现自己优秀的一面。

还有一些孩子是没有说过谎的,像穆丽冰、江酉玥、张家耀。江酉玥在日记中写道:"从小妈妈就给我讲《狼来了》的故事,所以我从小就知道撒谎是个很不好的习惯。常言说得好,'人无完人',谁都有犯错误的时候,关键是你怎么对待你犯的错误,是把错误隐藏起来呢?还是勇敢地面对它、改掉它呢?比如在学校作业没写好,或是犯了错误挨了老师的批评,我都会回家告诉妈妈,然后努力改正缺点。从来不因为犯错误而向妈妈撒谎,所以我是一个诚实的孩子"。

我在每一个孩子的日记本上写了批语表扬他们说实话的行为,感谢他们信任我,鼓励他们做诚实的人。

许多孩子下课时悄悄地问我:"老师,你看我写的日记了吗?"当我点头的时候,我发现他们有一种和我已经成了朋友的信任感觉。

通过这个活动的开展,孩子们的收获很大。

"那次我为了玩而欺骗妈妈,说我已经完成作业,现在我后悔极了。今后我一定不骗人不撒谎,做个文明的好学生,和诚实永远相伴。"

"老师,星期二早上我对您说我的作业忘在家里了,其实是没有写。因为我不想让您觉得我不是一个好孩子。我是在中午放学后补写的。我现在说了真话，您能原谅我吗？"

"今天我一个人在家，因为妈妈要去买东西。临走时，妈妈叮嘱我先写周记，写完后再看电视。可我等妈妈一走就打开电视机，一下就看了两小时。妈妈打来电话问我周记写完了没有，我本来想说我已经写了一半，可是我的心里咚咚直跳，想了想还是说了实话。把真相告诉妈妈之后，我觉得很轻松。我想：我要是将来成为一名作家的话，就会写一篇讲诚信的文章给你们看的。"

看着孩子们的进步，我心中喜悦无比。可是，等不及他们成为作家，我已迫不及待地记下了他们的成长故事。

家长朋友们，"金无足赤，人无完人"，发现孩子撒谎不必惊慌，要平心静气地和孩子交流，耐心引导。让孩子明白：犯错误不要紧，关键是不能把错误隐藏起来，要勇敢地面对它、改掉它。相信我们坚持正面的引导，孩子一定会真正认识到撒谎的危害，从而做一个诚实的好孩子。

6. 转学对孩子有影响吗？

每学期开学的时候，学校和班级里总会出现一些"新面孔"，他们就是"转学生"或"插班生"。选择转学，原因很多。有的是因为父母的工作调动；有的是因为搬家；有的是家长或学生希望能到更好的学校学习；也有的，是为了脱离原来不利于孩子成长的环境；还有的，是学生或家长和原来学校的教育理念有冲突，觉得不适合。

那么，转学后孩子各方面会不会受到影响？

孩子转学，家长应该做哪些配合？

是不是孩子转入名校后成绩一定会提高？

如何让孩子尽快喜欢上新学校？

这是有"转校生"的家长和老师应该思考的问题。

我有个朋友，儿子很优秀。于是，在儿子上大学之后，她满腔热情地把侄子从老家带过来跟着她上学。

有一天，她打电话给我，她说，儿子上学的时候她不觉得费劲，除了开家长会，基本都没有见过老师。侄子却不同，刚刚从老家接来，有很多事需要和老师交流。但她怕给老师添麻烦，惹老师不高兴，问我什么看法。

我说："这怎么会呢？无论是哪种方式的交流，老师都会欢迎的，你的信息对老师的工作也许是一种很大的支持呢。你对孩子的教育这么用心，老师会很乐意和你交流的。放心吧，老师不会嫌你打电话时间长，也不会觉得你问的问题太多耽误事。老师会理解你、帮助你，也会更关注你的孩子。别忘了，老师和家长的目标是一致的，都是为了孩子好。如果该说的你没说，反而会影响孩子，也许还会增加老师的工作难度呢。我给她举了一个实例。"

"我班上有个小男孩，四年前转来的。报到那天他发烧了，但家长认为，孩子第一天上学，不好意思给老师添麻烦，所以没告诉我。结果，我让他做自我介绍，他低着头不说话。下课后同学们找他玩，他表现得爱答不理，大家就不再理他了。我看他上课眼神迷离，沉着脸不高兴，还以为他是对新环境陌生。我观察了整整两天，看他都是这样。"

"后来呢？"朋友关心地问。

"后来，我在学生自习的时候把他叫出来聊天，这才知道他发烧的事。孩子白天上学，晚上还要去医院打针。我当时心里真是又感动又生气，感动的是孩子懂事，难受也要忍着面对新环境，生气的是家长的做法，他们怎么能让孩子如此被动地面对陌生的环境呢？"

事后，我的朋友高兴地说，她和老师沟通得很好，不仅了解了孩子在学校的表现，也给老师介绍了孩子的性格特点、兴趣爱好和有待提高的方面，相信对孩子今后的成长肯定有帮助。

此外，家长应该对孩子到一个新环境时可能产生的畏惧心理和不安有所估计和准备，积极引导孩子的情绪，帮助孩子树立自信心，使孩子尽快适应新环境，避免出现"适应障碍"。

有个家长做得很好。

他因为工作的关系，需要给孩子转学。可孩子坚决不愿意转，当他看到孩子坚决的态度后，便坐下来耐心地和孩子交换意见，倾听他不想转学的原因。

当了解到孩子是因为担心转学后见不到好朋友，家长表示了对孩子的理解和尊重，并建议他们保持联系，承诺每隔一段时间让他们在一起玩，并和孩子一起展望新学校的新生活，让孩子打消了心理上的顾虑。孩子转学后，很快就喜欢上了新环境，交上了新朋友。

但是，如果孩子不愿转学是舍不得现在的老师，家长则更应该慎重对待，恰当处理。

我班的朱原禾就属于这种情况。听到妈妈要她转学，她的第一反应就问："白老师转不转？如果白老师不转我也不转。"

她妈妈的处理方式就很艺术，"白老师，看你的学生对你的感情多深！我让她去找你，听听你的意见。"

真是个高明的办法！

朱原禾找我时，我告诉她："你知道吗？所有的老师都一样，无论是哪里的老师，都一样爱学生，都喜欢像你这样的好孩子。你到了深圳，还能结交到很多新的好朋友。当然了，我和同学们也会想你，我们可以打电话、发邮件保持联系。咱班的《阳光少年》报每一期出版后我们都给你寄去。"她听了后放心地抿嘴笑了。

到了新学校，我们经常通过短信、电话、邮件联系，我分享她的快乐，分解她的困惑。每年放暑假，她都会回到郑州，每次回来都约了同学们来我家看我，就像我们从未分开过一样。

当然，面对升学的需求和压力，有些家长和孩子难免"随波逐流"——想转入好学校就读。这其中不乏成功的例子。但是，家长不能单纯考虑转学对孩子学业产生的积极影响，而忽略有些消极影响，比如：竞争激烈的环境下孩子的心理承受能力。

我爱人的一个朋友就十分后悔给女儿转学。当初，他花了好几万元把女儿从登封市的普通高中转入省内一所重点高中就读，想让女儿受到更好的教育。转学前，女儿在原来的学校属于尖子生，到了重点高中之后，女儿每次考试成绩都排在班里后几名。慢慢地，家长发现孩子不爱说话了，每周末接她回家的路上，两个多小时当中，女儿闭口不说一句话，车上沉寂得吓人。后来，乖巧的女儿开始害怕上学，害怕上课。一说返校就紧张得吃不下饭，一说考试就拉肚子。最后只能休学。

还有一种转学要不得。那就是家长或孩子为了面子，为了让人觉得家长很有本事，为了让别人听起来自己的孩子在什么重点学校上学而转学。这是最愚蠢的转学理由。因为，不是所有的孩子适合名校，也不是所有的孩子在遇到高手时，体验到的都是酣战的兴奋和快乐。

我有个朋友就很理智。他说："为什么我的孩子不能在普通的学校就学呢？如果孩子的学习能力强，他就能通过自己的努力考上好学校；如果孩子的学习能力一般，强求进名校未必是好事。让孩子保持一颗向上的心，让孩子在现有的环境里快乐成长是家长该做的事。"我觉得，他是一个不乱方寸的家长。

总之，转学本身没有对与错之分。有的孩子转学后学习上的进步很大；有的孩子转学后性格更加自信和开朗；有的孩子转学到一个人数少的小班，得到了更多锻炼和展示的机会。这时，家长一定觉得给孩子转学是一个英明之举。

但是，有的孩子转学之后反而"适应不良"。这时，家长就要想办法在心理上正面引导孩子，千万不能当着孩子的面批判学校或老师的不足，这样做的结果只能让孩子更加讨厌学校。

7. 让孩子有尊严地改正错误

在学校里，经常会出现学生钱物丢失的现象。

几乎每个班主任都有处理这种事情的经历。对老师来说，如何巧妙地教育拿了别人钱物的学生，是一项考验智慧的工作。因为犯错的对象是一个孩子，他身处在集体当中，老师的做法稍有不慎就会伤害犯错学生的自尊心，影响周围环境对他的态度，给他今后的成长留下阴影。在这种前提下，老师要本着育人育心的原则，小心谨慎地对待犯错的学生，让他有尊严地改正错误。下面是我多年前的一篇日记，记录了一年级学生"丢"文具的事。

有的学生完全是在无意的情况下错拿了别人的东西，与"偷"字根本就不沾边。但是，当丢东西的学生发出"谁偷了我东西"的喊叫，或者报告了老师之后，即便此刻有人发现自己错拿了别人的东西，他也会因为害怕别人说他是小偷、害怕受老师的批评而不敢承认了。

有经验的老师要体察学生的这种心理，轻松地引导学生。今天放学前，木木举手说，她新买的自动铅笔丢了。

"不会丢的，也许是谁拿错了。"

我示意学生们坐好，对他们说："马上就放学了，请同学们检查一下自己的文具盒和书包好吗？看你是不是在匆忙收拾东西时，不留神把同学的文具装进去了？如果你回到家以后才发现的话，你一定会着急的是不是？你们都是好孩子，肯定不想耽误了同学写作业对不对？"

"老师，这支笔不知道是谁的。"

"我的。"

"太好了，谢谢你。给你同桌吧，下次收拾东西你一定会更细心的。"我看着他笑了。他把笔递过去，表情自然而得意，没有一丝难为情，甚至还觉得帮了同桌的忙呢。

当然了，不排除极个别学生是故意而为。这种故意，如果从孩子的角度分析，原因可能很简单。也许是看见别的小朋友的某种东西好看好用，出于一时的羡慕，自己也想拥有。当然，也不排除有其他各种各样的原因。但不论是什么原因，老师在处理这类事时最好不要用"偷"这个字，还要避免其他学生这样说。

五年前，国家还没有实行减免城市学生学费的政策。新学期开学的第二天，学生们都带着学费来到了学校。学生们按我的要求，把装着钱，上面写着自己名字的信封交给我，我收齐信封回办公室再数钱，不浪费学生的上课时间。有七八个学生说他们忘带了，我让他们下午再交。

下午我一进教室，三五个学生就围上来说，有个女生的学费丢了。我向她的位置看过去，看到她无助地哭着。我走过去拉着她的手走到教室门口，问她什么时候发现钱丢的，怎么丢的。她说她一直在座位上坐着看书，并没有出去玩，也不知道怎么回事就找不到了。我问她把钱放在哪里了，她说在一个红色信封里装着，放在桌斗里书包的最上面。

既然没离开座位，应该不会丢，我让她再仔细找找，可她说已经找了好几遍了都没有。

我一边安慰她先回座位，一边把目光移向更多的学生。

预备铃已经响过，有两三个学生在打扫卫生，其他学生正在唱歌。我像平常一样看着他们，心里比平时多了内容。没有哪个孩子有异常啊？我心里想着，眼睛仍然没有离开他们的脸。

刚刚过完新年，学生们的歌声很整齐，脸上洋溢着对新学期的期待。我转身微笑着在黑板上写了个"好"字，并加了个大大的感叹号。受到鼓励的学生们的声音明显大了，我转过去身冲他们摇了摇头，他们的声音又小了。我又冲他们点点头，好多学生都笑了。

最后一个倒垃圾的学生从外面进来了。看到他，我忽然想起上午忘记带钱的几个学生里面有他，便问他学费带了没有。没想到他下意识地肩膀耸起老高，被吓着了似的，小声说拿了，然后坐回他的座位。

他在那个女生的斜后方，中间是个过道。

回到座位上的他眼睛一直不看我而看着他的桌面，这和他平时的表现不一样，我心里非常肯定。我在脑中快速地想着用什么样的方式让这笔钱失而复得。也就那么一闪念，我有了一个好方法——不但能找到钱，而且能让拿钱的学生的自尊心不受伤害，更能对其他学生起到教育作用。

示意他们坐好后，我开始发话："同学们，看你们的表情我就知道你们是好学生，从你们唱歌时整齐的声音就知道，你们多么盼望着新学期当个好学生。可是，开学第一天，我们班就发生了一件令人难过的事，一个同学的学费丢了,这个同学着急得都哭了。"

孩子们的眼睛都向四周环顾。

"不过,白老师并不着急,也不担心,我相信学费一定会自己回来的。"我尽量使自己肯定的语气中透出平和、充满温柔。

"真的吗?""学费真的会自己回来?"学生们很好奇。

"对!因为老师知道学费在哪里,相信它一会儿就飞回来了。"我微笑着又环顾了一下教室,最后,把目光停留在了那个孩子身上。"现在,我需要你们配合我做个游戏,当游戏结束的时候,学费就找到了。"

我说:"学费在一个我知道的地方,但是它需要全班同学陪着它回到老师的手里。"我让他们每个人从作文本上撕下一页纸,然后叠成个小袋子。最后,我让他们把照着我说的那样,双手放进桌屉里……"

收上来的纸袋里面,果然有一个里面装着学费!我拿出来后,全班同学高兴万分!我把手扬起来微笑地看着他们,我看到那个孩子如释重负。

示意学生们坐端正,我很认真地总结道:"同学们,今天这件事说明你们都是诚实的好孩子。《弟子规》里有一句说,'错能改,归于无',意思是说,犯了错误只要能改正就是好样的。老师喜欢知错就改的孩子。"

学生在校丢东西的事,做老师的不难遇到,但是老师处理问题的方法好坏,体现着老师对学生的爱有多深。一个真心爱学生并为学生将来着想的老师,会以孩子的自尊心为重,不会因一时的草率给孩子贴上"身份标签",会以妥善的方式对待犯错的学生。我相信,这个孩子以后再也不会犯这种错误了。这种解决问题的策略会对其他学生也起到教育和警示的作用。

需要说明的是,这件事情之后,我在课下与这个孩子的交往中,又择机对他以"轻描淡写"的方式进行过几次引导和鼓励。这个孩子后来在各方面都表现得很好,仍然是一个阳光帅气的好少年。

8. 发现家里的钱少了，家长怎么办？

正在办公室批改作业时，我接到一个家长的电话，她先告诉我孩子拿了她六百元钱，然后问我什么时间没有课，她想和我当面谈谈这件让她揪心的事。

五年级的孩子，一下拿了家长六百元！

我能感觉到家长此刻无心上班、坐卧不宁的心情。相信一些家长也有类似经历——发现孩子拿了家里的钱。

这种事情发生后，家长担心的不是钱被花光，而是担心孩子一旦养成这样的习惯，今后怎么办？他们百思不得其解，孩子为什么会有这样的举动。他们无可奈何地发问：我们没有不给他买东西啊！他怎么敢拿这么多钱呢？几百块、上千块啊！这已经不是第一次了，我们打过、骂过，也苦口婆心地教育过，可他怎么非但不改，反而变本加厉了呢？我们到底应该怎么教育他呢？

家长来了，她一见到我眼圈就红了。

她说："昨天我发现钱包里刚取的三千元钱少了六百，问老公，他说没有拿。难道是儿子拿了？想到这，我头一下子就大了！我不知道该怎样去问他，也不知道万一他不承认时我该怎么办。当时我心里气啊，委屈啊，眼泪不听话地哗哗流了出来，怎么会有这么不争气的孩子呢？白老师，我怕我说话方式不对会伤了他的自尊，担心他这样下去将来会学坏。我不知道现在怎么办才好，您说我应该怎么处理这件事呢？"

我说："这件事你处理得挺好的，你很理智，没有对孩子大发脾气，而是尽量控制自己，寻找更好的解决办法。"

从她的话中，我对她家的情况有了些了解。平时他们夫妻二人对孩子的要求比较严，没有给孩子零花钱的习惯。凡是孩子学习上生活上需要的，他们坚决支持，对孩子其他方面的要求，只要他们觉得孩子不需要，就不同意买。

我让她想想孩子最近有没有要求父母给他买什么东西，她说没有。"但他说起过两次楼上鹏鹏的游戏机。好像是前天中午吧，他进门就羡慕地对我说，鹏鹏玩游戏的水平大见长进。"

听了这些，想到这个孩子平时在学校的表现，我心里就明白了八九成。

我对她说，也许事情没有你想象得那么严重。孩子这是第一次犯错，在我们的帮助下会改正的。她说："真是这样的话，就太好了。"她想听听我处理这件事的意见。

我建议她和孩子坐下来认真谈一谈，告诉孩子，你发现钱少了，听听孩子怎么说。如果孩子坦诚认错，你要夸他是诚实的好孩子，谢谢他对你讲了真话。然后，再问孩子为什么拿钱，钱花了没有，都买了什么东西。

"根据孩子讲的实情，跟孩子好好谈谈。要让孩子明白：如何对待钱能反映出一个人的品质，小毛病如果任其发展，会酿成大错。同时，你还要告诉孩子，平时你们对待孩子花钱的态度有些武断。告诉孩子，如果爸爸妈妈有时忽视了他的某些合理需要，现在向他道歉，今后即使不同意，也会耐心给孩子讲明理由……"

家长边听边用力地点头。分手时，我建议他们今后可以适度地给孩子一些零花钱。当然了，给多少要从实际出发，关键是要指导孩子如何合理花钱。

我反对用打骂的简单方法对待孩子拿钱的事。我一个邻居朋友的做法就太极端了。

当发现孩子拿了家里的钱，这个邻居朋友又急又恨，他让孩子跪在椅子上，然后用木棍一边狠狠地打，一边骂着。他的目的很明确——想一下子把孩子的毛病改过来。可是，没想到孩子从此变得胆小而自卑，碰见邻居时，总觉得他们都知道了自己是小偷，天天低着头走路，放学回家后就再也不愿出门。

家长教育孩子时不要轻易对孩子使用"偷"这个字眼。小孩子拿钱，无非是为了满足某种需要，比如买喜欢的文具、玩具，买喜欢吃的东西，玩游戏机或参与其他娱乐活动等。他们知道，如果以此为由向家长提出要求，往往得不到满足，于是就采取了私自去"拿"的做法。如果家长随便给孩子贴上"身份标签"，不但于事无补，反而妨碍孩子改正错误。

台湾女作家三毛的一篇随笔，说到她小时候偷了妈妈的钱的事。三毛当时就是想收集到更多的《红楼梦》人物画片、糖纸，拿了妈妈放在柜子上的五块钱。

三毛在文章结尾时说:"等到我长大以后,跟母亲说起偷钱的事,母亲笑说不记得了。又反问,怎么后来没有再偷了呢?我说那个滋味并不好受。说着说着,发觉姐姐弟弟们都在笑,原来都偷过钱,也都感觉不好过。"

由此看来,"小偷行为"是很多孩子成长历程中都会有的一种行为。需要强调的是,如果家长发现孩子拿了钱,既不要武断地做出孩子道德败坏的判断,也不要把这个问题看得过于严重。教育孩子要从尊重孩子的人格出发,切不可随意惩治而伤害孩子的自尊心。家长的过分刺激对纠正孩子的错误行为未必有效。有时,甚至会强化这种不良行为。家长更要避免影响到孩子的性格,或者把孩子推向反面,从而转入地下与你"斗智斗勇"。

总之,无论孩子是第几次拿钱,做家长的都要让孩子觉得你始终是在爱他在帮助他。在整个教育过程中,家长都要理性,并且做好孩子出现反复的心理准备。

9. 孩子的座位，大人的痛

"老师，我的孩子一直坐在边上，能不能往中间调一调？"

"老师，孩子说坐后边看不清黑板上的字，可能是近视了，您给他往前面调调吧？"

"我家孩子的个子在班里并不算高，可为什么前几排的座位就轮不着我家孩子坐呢？"

……

我想，只要是班主任，可能都遇到过家长要求给自己孩子调座位的事情。

家长对孩子的座位有各种要求：有些家长想让孩子坐在靠前的位置，多获得老师的关注；有些孩子很调皮，家长想让孩子坐在老师的眼皮底下管得严一些；更多的家长则想让孩子坐在教室的中间位置，离黑板不远不近；个别近视、弱视、斜视的，则需要特别关照。

对老师来说，要把座位安排到让每一位家长和孩子都满意，是不可能做到的。可以这么说，座位的问题，永远是一个令家长操心、老师费心的问题。

其实，最想把座位安排好的人是班主任。因为，一个好的座次表能让班里有稳定良好的纪律、使学生认真专心地学习、有利于各科老师较好地进行课堂教学、对良好班风起到一定的促进作用。所以，座位怎么排，班主任很费心思，也想出了多种方法。

如果班主任一个人说了算，就有可能没法顾及到全体学生的感受；如果让大家都自由选座位找同桌，有些喜欢讲话的学生就会坐在一起，就无法有良好的课堂纪律；单纯按身高排位，虽能照顾大多数同学对黑板的需要，但一些眼睛有需要特殊照顾的学生就要受委屈；一些中学里面，班主任常常会把好座位给成绩好的学生坐，这样做却会使学习成绩落后的同学心里备受冷落，变得更加自卑，成绩也会越来越糟糕。

可一些家长并不理解和体谅老师的用心，他们往往从自己孩子的"具体位置"出发，对老师提出调换座位的要求。

三年级上学期，班里有一对家长找到我，说孩子和班里最调皮的学生坐在一起，这让他们很担心，他们要求我把俩孩子调开。他们的话语虽然很委婉，但我还是听出了他们的顾虑和怀疑。

我笑着说出了他们心里想说而未说出口的话："我对你们的女儿丝毫没有歧视，相反，我很信任她。相信她很强的自律性能影响到那个调皮的男生。"

见他们紧张的情绪稍微有所缓和，我继续说道："从一年级到三年级，那个男生少说也换了五六个同桌了吧？每次都是让一个稳重踏实的孩子和他坐。如果像你们说的那样，让两个调皮的坐一起随便玩，岂不是全班同学都要受到影响？真是那样的话，你们的女儿也同样没有好的学习环境啊。再说了，咱们也要将心比心，如果咱们的孩子很调皮，什么样的座位才能有助于他学好呢？"

家长相互看看，转而面向我。

我接着说："其实这个孩子现在已经有进步了，相信和你们的女儿坐一起之后会变得更好。"

家长点点头。他们说，通过和老师交流想法，觉得放心了。没想到老师对每一个孩子都那么关心和爱护。

我说："你们放心我就更放心了，相信即使今后听到女儿有些抱怨，你们也会对她进行很好的劝导。这可是在协助我的工作啊！"

大多数家长都是很通情达理的，他们之所以有时候会对老师有微词，是因为遇到事情之后，和老师没有交流或者交流不深入。其实，家长遇到此类事情时，不妨和老师聊一聊，问题也许很容易就能解决。

刚接手新班时，因为对学生不是特别了解，我会以身高为原则安排座位，对视力、听力差的学生给予关照。经过一段时间的观察和了解之后，再根据学生的性格和学习成绩等因素，对座位进行个别调整。比如同桌之间性格互补，学习上互补。对个别有特殊要求的学生，我会向全班同学说明情况，大家都很理解。等座位固定之后，两边和中间的座位一月轮换一次。这种方法公平公正，学生们都愿意接受。轮到换位的时候，学生们自己就换过来了。

有时候，老师的好意，学生并不"领情"，有个女生就谢绝了我为她调的"好座位"。

小凡的性格内向，见人总是抿嘴静静一笑，学习成绩在班里处于中等水平。近段时间，我发现她上课听讲十分用心，作业又干净又整齐，就想鼓励她再上个台阶。于是，在班队会过后，我把她从后边往前调了几排。没想到，第二天放学的时候，她找到我说："白老师，我还想坐回原来的位置。"

　　我温柔地问她能不能告诉我理由，没想到她说："坐后边我可以专心听讲，不用担心老师让我站起来回答问题。"

　　我马上理解了她的意思。坐在前面，时时与老师的目光对视，她担心老师提问自己时自己回答不好，因而有心理负担。是啊，如果这样，我的好意不但没有帮到她，反而影响了她原有的听课效果。

　　总之，排座位的问题看似简单，实际不简单，而且很重要。希望老师们能真正从孩子的成长出发，也希望家长们理解老师的用心。

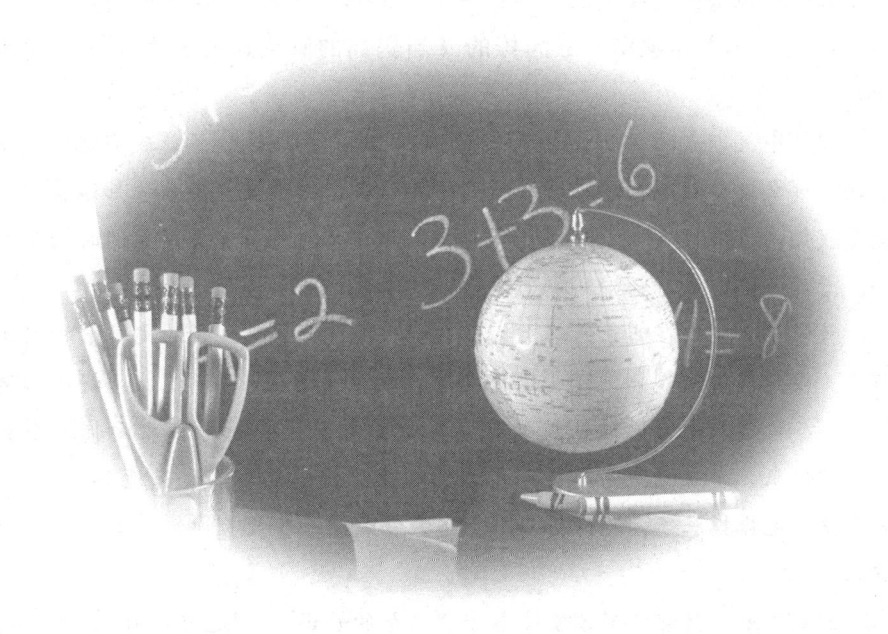

10. 男生当"孕妇"的奇特体验

父母对子女的爱是最博大、最无私的。为了孩子的茁壮成长，每个父母都花费了不少心血。为了让孩子理解家长的辛苦，体谅做妈妈的不易，"三八"妇女节这天，我们五六班搞了一个"母鸡妈妈护蛋"的活动。

前一天下午放学前，我布置家庭作业："请明天早晨上学的时候，每个同学带一个生鸡蛋到学校里来。"

"生鸡蛋？"学生们感到新奇。

我故意放慢语调："明天，是三月八号。"

学生们马上大悟："妈妈的节日——""是三八国际妇女节！""像三年级当气球的妈妈一样！"

是的，两年前，他们上三年级的时候。"三八"妇女节，我让学生把一个吹起的气球塞进毛衣里面，当了一个下午的"妈妈"，还让他们写了各自当"妈妈"的不同感受。王泽栋的《当妈妈的感觉》发表在了《金色少年》。

那是个星期五的下午，老师让我们一人带一个气球，还让我们把它吹得像西瓜那么大，然后把它塞进衣服里。开始我们很奇怪，后来才知道，气球就是我们的"孩子"。原来，老师是想让我们体会妈妈当初怀我们时的不容易。老师还说，最好坚持到晚上睡觉的时候再把气球取下。

放学了，我走在回家的路上。忽然，"哗啦"一声，我的文具盒掉在了路上。我想弯腰捡起来，可气球很碍事，我生怕挤住"孩子"。只好小心地蹲下，尽量伸长手臂摇摇晃晃地试着把它捡起来。接着，我又面临一个难题：站起来。我双腿弯曲着，手撑在膝盖上，慢悠悠、颤巍巍地站了起来。我下意识地摸摸肚子，还好，"孩子"完好无损。我长长地舒了口气：怀孕这么难！

回到家中，我继续不方便地当着"怀孕的妈妈"，眼巴巴地望着表，啊！九点半了，终于可以取下来了。

通过这一次尝试，我终于明白了妈妈生我是那么的不容易。我以后一定要孝敬妈妈，当一个听妈妈话的好孩子。

虽然那时候他们年龄小，有的学生甚至只是出于好奇在瞎凑热闹，并不知道保护"小宝宝"，衣服里的气球早早就破了。但活动却让家长们很感动，一些家长很感慨。

"平时我们只是一味地对孩子付出，而忽略了他们向长辈表达爱，这个活动对我们很有启发。昨晚，当我幸福地接受孩子的'呵护'时，我深深地感到：在付出爱的时候，孩子更理解了感恩和责任的意义了。"

"看到孩子那么投入感情地扮演妈妈的角色，我们非常感谢老师，因为孩子让我度过了难忘的节日，同时又教给我们一个教育孩子的新方式。"

我给孩子们讲了这次"母鸡妈妈护蛋"活动的要点。第一，比上次带气球的难度大。第二，活动时间长。全天都要随身携带这个生鸡蛋，无微不至地呵护它。第三，鸡蛋与气球不同，烂了的话要弄脏衣服。所以，无论是上学还是放学，无论是上课还是下课，都要小心，尤其是上厕所、坐回座位时，还有下课玩耍、上公交车的时候，都不能让鸡蛋被挤被撞。这样，才能体验妈妈怀着宝宝时的各种感觉。

一天下来，很多学生都悉心照料蛋宝宝，体会到了养育"孩子"的辛苦和不易，懂得在今后的生活中感谢父母和长辈。对此，很多家长都深有体会。

有个家长说，"五一"七天长假，他带孩子参加了单位组织的旅游。一路上，儿子让他当甩手掌柜，背包、水壶全自己背着。"这在以前是不可能的事啊，儿子这么懂事，可把我的同事们羡慕得不得了。"

学生们也在日记里写出了各自护蛋的过程和体会，既生动又有趣，我选了其中的片断，拼凑成了下面的《"母鸡妈妈"谈体会》。

"母鸡妈妈"谈体会（学生作文大接龙）

一大早，我坐上了"人山人海"的公交车。我小心翼翼地捧着我的蛋宝宝，挤到了车门口。突然，胳膊被人撞了一下，我的心一下子收紧了，生怕我的鸡蛋被打破。幸亏我反应快，抓住了扶手。见它完好无损，我放心了。（张晨）

我带着我的"小宝宝"来到了学校，一进教室，见每个人手里都捧着一个鸡蛋。有些同学还在自己的鸡蛋上画了大眼睛、小嘴巴，俨然就是一个可爱的小宝宝！我也拿起水彩笔。正准备画时，不幸的事发生了，一个同学不小心碰了我一下，鸡蛋从我手中滚落到了桌面上，我吓得差点连魂儿都没

了，赶紧下手抓起我的鸡蛋。我仔细检查了一下，幸好没事，这真是不幸中的万幸啊！（李雪）

上课铃响了，我怕"宝宝"发生意外，还把它捧在手里。老师发现很多同学都像我一样，便说："你们不怕把鸡蛋孵成小鸡啊？再说，你不能一整天都这样吧！"我听了之后，把"蛋宝宝"放在了书包里。（赵煜嘉）

课堂上，我忍不住把手伸进书包，轻轻摸了摸我的鸡蛋。这可是我昨天晚上从奶奶家的一大筐鸡蛋里精心挑选的。这个鸡蛋又大又圆，皮还红红的，真是可爱极了。我觉得，只有健康、漂亮的鸡妈妈才能生出这样漂亮的鸡蛋，也只有这样漂亮的鸡蛋将来才能孵出漂亮的鸡宝宝。（李若漪）

由于人人都是"小母鸡"，那些平时下课后的"小疯子"也都是先把自己的蛋宝宝安顿好才出去玩。我把我的"宝宝"举过头顶，好不容易才走过了走廊和门口这两个"危险地区"。我想玩，又担心蛋宝宝不安全，只好看着别人玩了。（段琮瑶）

啊！漫长的一个上午终于过去了。不过，别大意。越是到最后，就越考验你。我更加小心地看管我的鸡蛋。放学路上，我不让任何人靠近我。想到我就要度过"危险期"，我百感交集。总之一句话，真是辛苦呀！（尹瑞卿）

中午睡觉时，我把鸡蛋放在自己的手心里，但我还是有点不放心，生怕我睡着了，鸡蛋从我的手中滚走，又怕鸡蛋被我的身体不小心压着或挤碎。所以，这一中午把我折腾得根本没睡着。（周翊凡）

这时，我想到了妈妈平日对我无微不至的关爱。每次送我上学时，她总要千叮咛万嘱咐，怕我磕着碰着。在妈妈的眼中，我就是一个容易破碎的鸡蛋。我终于懂得了，一位母亲把一个孩子养大成人，教育成才，是多么不容易了。（李怡雯）

11. 平凡中的感动

班主任工作没有固定教材，却随时随地都可以找到施教的材料。我在课堂上看到一个现象，学生报告的一个信息，家长反馈的一条意见，只要留心，总能从多方面找到与学校活动和要求、与班级的班风学风、与学生的思想状况相结合的点和面。

比如前几天，我在《东方今报》上看到了一篇标题为《平凡的感动》的新闻报道，讲述的是一个叫刘紫君的女大学生的故事。

刘紫君是一名大学生。这天，她本来有自己的事。当看到有几个盲人在街边无助等待的时候，她很自然地上前扶着他们，把他们送到了火车站，并用自己的钱给他们买了返乡的车票。送他们上车后，她又叮嘱同车的乘客在途中多加关照。

看到她，温暖我。她的事迹与之前看过的《改变冷漠的地铁超人》如出一辙。

故事中，那个普通的建筑工人，也仅仅是在纽约的地铁站，将一个患有癫痫病的人从地铁轨道上救了起来。但结果是，他被纽约市长授予了铜勋章！（之前，这项殊荣只有五星上将麦克阿瑟、拳王阿里等名人才有资格获得）。面对很多人的质疑，纽约市长说出了这样的话：他的行为改变了纽约人的冷漠形象！从此，有很多需要帮助的人能够得到帮助，又有很多人向别人伸出了援助之手。

再看看我们身边，每天也有类似的事情发生。但大多数人却习以为常，视而不见。我们怕耽误自己的事，我们怕被曲解、怕被讹诈、怕好心没好报。于是，人与人之间变得冷漠、缺少温情。

媒体称刘紫君是"最美的女大学生"，正是因为她的行为唤醒了很多麻木的人，改变了人与人之间的漠然，她的行为值得人人去学习和效仿。

我想到了远在上海的女儿，她和刘紫君是同龄人，也正在上大学。她会遇到这样的事吗？她遇到了又会怎样做呢？我下载了报道，发到了她的邮箱里。她应该学习刘紫君。

还有我的学生们，他们正处于受教育的年龄，发生在身边的感人事件正是他们学习的好榜样！于是，我拿起报纸来到了班里。

我给学生们读了报道的全文，让他们传阅了报纸。我说，紫君姐姐是我们这个城市美丽的天使，是我们身边值得学习的榜样。

"你在生活中见到过类似的事情吗？什么时候在哪里看到的，你看到的情形是怎样的？请大家四人为一小组，相互之间讨论一下吧。"

我让学生们对照自己平时的所见所闻，对照自己的言行展开讨论。让他们将这个故事分享给父母、家人，分享给朋友。从孩子们写出的感想看，这件"小事"使他们受到了教育，也会指导他们今后的行为。

这件事情对我的感触很深。紫君姐姐的同学说，她在平时也很乐于助人。学校的领导也说她是个不爱张扬的人。是啊，网络直播中心直播此事时，她这个主角却缺席了，只让同学帮她传达一句话："我只做了一件人人都能做的小事，仅此而已。"我想，虽是一件人人都可为的小事，但却不一定人人为。紫君姐姐就是我们生活中的榜样，我要向她学习。如果人人都能从这样的小事做起，我们的社会将会变得更和谐、更美好！　　（郭洁）

"只要人人都献出一点爱，世界将变成美好的人间……"听到这首歌，我会想到"美丽女大学生"刘紫君。她做的这件小事使我明白了"平凡也可以使人感动"这个道理。生活中，关一下水龙头，捡一片废纸，让一个座位……做好事，从今天开始，从我开始！　　（朱钰莹）

阿紫姐姐的外表很美，但她的心灵比外表更美！面对人人都可为，却不一定为的小事，阿紫姐姐做到了。假如我们都把生活中的小事看得和大事一样重要，并且都有刘紫君姐姐这种助人为乐的精神，那我们的社会还会不富强，不和谐美好吗？让我们学习阿紫姐姐，争当助人为乐的好学生吧！　　（刘然）

刘紫君姐姐的心灵纯洁善良，她乐于助人的精神值得我学习！我要向刘紫君姐姐学习，将来做对社会有用的人！　　（李影）

从刘紫君做的事可以看出，她是一个品德高尚的人。和她相比，我感到很惭愧。我以后也要以刘紫君为榜样，"不以善小而不为，不以恶小而为之"，和千千万万个刘紫君一起，共同构建一个和谐文明的社会！（江酉玥）

这件事看起来虽小，却只有少数人才会像刘紫君姐姐一样做。生活中会有许多这样的事，当你遇到时你会怎么办？找借口？还是帮助别人呢？我想，即使你帮助人的话，你可能也是为了让别人看见并让当事人表示感谢。刘紫君姐姐用行动告诉我们，其实做好事是不用张扬的。　　（赵思媛）

看了刘紫君姐姐的事迹，我不由得想到我自己，公交车上，看到老人和孕妇，我并没有主动让座；在家里吃饭的时候，我每次都是第一个抢过去，狼吞虎咽地吃起来。我很惭愧，也更加感叹：刘紫君姐姐真是一个朴实的女孩呀！　　　　　　　　　　　　　　　　　　　　　　　　　（梁宵）

　　刘紫君姐姐的做法令我感动。其实，在生活中，我也可以像她那样帮助需要帮助的人，但我却没有。今后，我如果再碰到类似的事，我也会像刘紫君一样，去积极地帮助别人，让这个世界更加安宁，更加祥和。　（周翊凡）

　　是啊！虽然只是一件小事，可很多人不会像她那样做。换了我，我很可能就不会去做。因为，我觉得，我还是一个小孩子。但我读了紫君姐姐的事迹后，我明白了，我是一名少先队员，这是我应该做的。我要向她学习，做一名合格的少先队员。　　　　　　　　　　　　　　　　（杨梦越）

12. 爱的包裹单

我手里拿着的几十份包裹单，是在邮局邮寄包裹后留存的回执凭证。

这些不是普通的包裹单，而是我们班几十个孩子、也包括我，给边疆孩子们寄出的"温暖"；是学生懂得关爱他人、奉献心意的表达和结果。我们寄的虽然只是穿旧、穿小了的衣服，只是看过的图书和用过的文具，但其中包含着我们对西藏、青海、贵州、云南等贫困地区孩子们的浓浓爱意，还有牵挂和祝福。

六年级下学期，当我在班级的博客圈里浏览时，看见赵爽同学转发了《如果你看到了，请帮我转发到全中国》的组图，出于好奇，我点开了：

一个孩子正拿着短铅笔头写字，他的手冻出了冻疮；一些孩子在读书，身上的衣服破烂而不合体，袜子烂得露出了脚趾头；图片上，孩子手里端的碗是破的、煮饭的锅是破的、土房子是有裂缝的……

这是哪里的孩子？目前中国还有哪个地方的孩子生活在这样贫穷、恶劣的环境中？如果不是亲眼看到，我不能相信。

深思了片刻，我抬起头，先看了看办公桌前贴的课程表，又看了看手机上显示的时间。

还好，来得及。于是我跑步来到教室门口。

下课了，学生们紧跟在英语老师后面，准备涌出教室。最后一节是他们最积极、最乐意上的微机课。每当这时，他们个个动作敏捷，会以最快的速度冲向机房。

看我堵在教室门口，学生们都用探询的目光注视着我。他们知道，没有急事我不会在这时突然进班。

我用手势示意他们坐下，说："如果你们在微机课上有时间的话，请到咱们班的博客圈里看一看，赵爽同学转发了一些文字和图片。"

有学生好奇地问我、问赵爽，到底是什么文章。我说："你们先看吧，看过之后再说。上课去吧！"

四十分钟之后，我在教室里等候学生们下课回班。学生们一见我就围上来说：

"老师,我看过那些图片了。"

"他们太可怜了,连书都没有。"

"他们的衣服都是破的,穿的鞋子露着脚趾头。"

"老师,我想帮助他们。"

……

我招呼学生们赶快回座位:"大家都看到了,边区的孩子没有棉衣过冬、没有图书阅览、他们甚至吃不上饱饭……可我们呢?有新书包、新文具,有新衣服,还有无数好吃的、好玩的东西。刚才有同学说想帮助他们。对!我们需要的就是立刻行动。我们可以把穿小的、穿旧的衣服整理出来寄给他们。对我们来说,这只是举手之劳;可对他们,却是雪中送炭。"

孩子们一呼百应,有的商量寄什么样的衣服,有的商量什么时间寄。问得最多的是怎么寄,因为他们没有寄过东西。

我拿出刚刚打印出来、还带着温度的邮寄流程和地址,边分发边讲解,嘱咐他们回家把今天的事告诉给家长,征得家长的支持;然后可以自由结合,也可以以小组为单位到邮局邮寄;并告诉他们,衣服、文具、图书多少都不限。

中午回到家,我就开始翻箱倒柜整理衣服,思绪随着手中的一件件衣服飞向了遥远的边区:这套绒衣裤,我现在穿着已经显得过于宽松,中学生穿着应该很合适;这两件毛衣也可以送出去了,因为年年都买新的,已有两年没穿过它们了,不过保暖效果还很好;还有,女儿这两件棉袄和一套运动装也可以寄走,我希望千里之外能有个女孩子穿在身上温暖身体……

下午的放学铃声响了,我拎着包袱从办公室向教室走去。

有的学生正聚在一起商量把衣物邮寄到哪个地区,有的学生正从桌屉里往外拿打好包的或装在塑料袋里的衣服,还有的桌角上放着整理好的图书。

有的学生一边举手一边冲我问道:"老师,今天我们没有整理好衣服,想在星期天的时候约着一起去邮局寄行不行呢?"我点头说可以。

有的问:"老师,家长的衣服能不能寄呀?"刘然同学马上接着说:"那怎么不能?我今天带来的多数都是我妈妈的衣服。"

了解后我才知道,家长们都很支持这样的活动。他们觉得让孩子亲自走一趟,亲自将心意寄出去,这一过程本身就很有意义,更别说它的特殊含义了;都愿意加入到我们的活动当中。我不免为这份由孩子传递到大人的爱心感到高兴。

带学生们六年，也与他们的家长合作了六年。为了教育孩子，我们已成了朋友。

"太好了，孩子们！一天之内、半天之间，我们奉献爱心的高潮就掀起来了。想必对你们中间的绝大多数人来讲，这是第一次去邮局寄包裹吧？相信你们的爱会温暖边疆孩子的心，这份经历也会给你们带来温馨、美好的回忆。"

我提议他们结伴去邮局办理这份"爱心业务"。

当晚六点多，黄泽宇给我打电话："您放心吧，白老师，我们顺利办完了。"又过了一会儿，王灿宇的电话也打来了："白老师，有一个报社的记者在邮局碰见我们了，他说明天要去学校采访您……我们给他留了您的电话号码。"

手里的电话还没放，手机又响了："白老师吗？我是……"

第二天早晨，我到校门口时已有三个记者在等候。他们采访了学生，看到了孩子们拿着的一张张包裹单。第三天，《大河报》上刊出了报道——《我的爱温暖你的心》。

包裹寄出后的几天，孩子们下课时经常相互询问：

"他们收到我们的包裹了吗？"

"我们寄往的都是边远的贫困地区，哪会这么快呀。"

"就是就是。那你说，他们收到后会不会给我们回信呀？"

这天课间操时，有几个孩子从传达室飞快地向我跑来，跑在前面的薛钰钫边跑边挥动着手向我喊："白老师！来信了，边疆的孩子给我回信了！"我接过一看，是四川阿坝州一所学校老师寄来的。信里感谢的话感动了孩子们，他们脸上流露出的喜悦无法比拟。我知道，这是帮助别人之后得到的高尚、无私的快乐，是真正的快乐。几天后，又有孩子陆续收到了远方的来信……

爱的包裹单
（学生作文节选）

衣服对于我们这些生长在城市里的孩子来说，只需要拉开塞得满满的衣柜，就可以随意挑选。一旦有小的、旧的或者不满意的，就可以扔掉。殊不知在偏远的山区，还有许多孩子穿着破烂的衣服，连最起码的保暖都达不到。

今天上午，白老师告诉我们，在阿坝地区的孤儿院和学校，有些孩子吃不饱、穿不暖，过着贫困的生活。回到家后，我把大包小包的旧衣服、小鞋子都翻了出来。只因为这里面有我小时候的回忆，所以才没有全部扔掉，保留了小部分。我看着这些衣服，想：再过几个星期，那些穿着破烂衣服的孩子们，就能穿上了吧。他们也许就不会再被冻着了。

看着自己亲手整理、打包好的衣服，我感到非常高兴。想到那些和自己同龄的学生不会再受冻，我禁不住马上出门，加快步伐往邮局走，恨不得能让衣服立即飞到那里。

看过这些反映贫困地区孩子们真实生活图片的同学们，谁还会好意思在今后的生活里再浪费呢？我们要珍惜自己现有的一切，知道自己生活在幸福里，并为此永远对自己的老师和父母心怀感激。

（张潭心）

星期天早晨，我抱着昨夜收拾好的衣服，来到邮局。邮局的阿姨把它们装在一个小箱子里，娴熟地给箱子打包。填包裹单的时候，我用笔一项一项地认真填，遇到不会的问题，再去问别的同学，看他们怎么填……经过了半个小时的"奋斗"，我终于把包裹单填好了。

办好后，邮局阿姨给了我一张回单，我心里别提多高兴了：这可是我亲手办的第一张包裹单呀！多么有纪念价值，我一定要好好保存。我的思绪也飞到了边远灾区：不知道我穿小了的衣服，那边的小朋友穿着怎么样？不知道什么时候才能送到灾区。我怀着欣喜、担忧的复杂心情，离开了邮局。

（刘艺涵）

……我找到了一套小牛仔服，看到它，我想起了在三年级时，同学们看到我穿着时的惊讶。想一想，如果某个小弟弟穿上了我的衣服，一定帅呆了！我接连找到了许多漂亮的衣服，希望每一个穿上我衣服的孩子都能得到一些温暖，都能感受到远方的我们的一颗颗爱心。

第二天，我和爸爸一起去了邮局，将衣服寄了出去，我亲自写好了邮单，亲自将邮包封好，亲眼看着它被邮局的车送走，才慢慢地离开。

这是一次爱的奉献，我希望有更多的人能够注意到弱势群体，献出自己的爱心！

（姜子元）

13. 读一本好书，就如同和一个高尚的人谈话

　　上午第二节课后是课间操时间。学生们三三两两、边说边笑地走出教室，我站在门口，提醒他们下楼时注意脚下的安全。回过头，只见在教室的窗户下面，一个女生仍然在埋头入迷地看书。于是，我朝她走过去，问她什么书这么吸引人。

　　她下意识地合上书，受惊地说："课外书。"

　　我看见了粉色的书皮上漂亮的卡通美少女，于是向她伸出手："让我看看好吗？"

　　她撇了下嘴，稍有迟疑，但还是把书递到了我手里。我快速地前前后后翻看了几页：通篇是大段大段的对话，净是些搞怪、搞笑的语言，没有一点文学性。我心想，这样的书不适宜学生读。

　　我抬起头，催促她赶快下楼，并答应她下操之后将书还给她。

　　学生们在做课间操。我站在队伍的前面，眼睛在看他们做操，心里却还在想着刚才那本书，想着那个女生惊慌的样子。想着想着，我的思路清晰了。

　　踏着第三节上课的铃声，我走上了讲台。拿起粉笔转身在黑板上写下了一行字……

　　接下来发生的事，还是从学生的作文里看吧。我只用七个字来概括最后的结果：我的引导很成功。

读一本好书
黄志丕

　　今天，白老师给我们上了一堂很有意义的语文课——读一本好书。

　　好书——当然是一本智慧多多、乐趣多多、知识多多的书啦。

　　上课了，白老师走上讲台没说什么，只是微笑着在黑板上写了半句话："读一本好书——"

　　咦？这是什么？原来白老师让我们猜猜后半句。有人说，就像交了一个知心朋友；有人说，像吃了一顿精神大餐……同学们说的五花八门，什么都

有。白老师一边点头一边肯定大家说得对，说得好。然后，她转身在黑板上写出了后半句："就如同和一个高尚的人谈话。"

对呀！一本好书的确像一个高尚的人，它给了你知识，给了你乐趣，不就是一个高尚的人吗？

我想，以前我非常喜欢看的《老夫子》就不算是好书。这种书读起来虽然感觉很好玩，但没一点知识性，看后哈哈一笑就完了，太乏味了。像这一类的书，还有内容不健康的、暴力的等等，用白老师的话来说就是——精神鸦片，不但看了没有意义，还会危害我们的思想。

经过同学们踊跃地讨论，大家明白了，我们应该看一些有知识性的、充满智慧的，像《昆虫记》、《伊索寓言》或比较有冒险精神还带点谜团和幽默的《冒险小虎队》、《奇幼国王历险记》等；另外，还应该大量阅读中外名著来提高我们的文学素养……这样的书，都是好书；不但富有知识性，还能使我们思维活跃、开阔眼界，也让大脑得到放松和净化。

同学们，让我们多读几本好书，常和高尚的人谈话吧！

"糖衣炮弹"

王梦宇

"在我们身边，有各种各样的人。有的人能让你受益匪浅，有的人则反之。书，也是这样。所以，我们要选择好书来读。"

这节是语文课，白老师问了我们一个与课文不相关的话题："同学们，你们都读过哪些好书？""哗——"老师刚提出这个问题，远远望去，同学们举起的手犹如一片树林。

"《三国》！""《童年》！""《爱的教育》！"大家争先恐后地说。

"好，那你们能不能告诉我，什么样的书算得上是好书？"白老师又问。

"有意义的书！""对我们有益的书！""有启发的书！"同学们抢着回答道。

"那么，哪些书又不是好书呢？"

"漫画！"一位同学大声地说道。哼！就知道漫画，难道你就没有看过《哆啦A梦》吗？我在心里愤愤不平地质问。

但万万没有想到，白老师竟然说了一句令很多同学感到无比惊讶、而我心里却感到无比痛快的话："不，我不这么认为，并不是所有的漫画都不好。

我想大家都看过《三毛流浪记》吧？它揭露了中国上世纪30年代黑暗社会的世态炎凉，让我们了解了那个时代的历史。请问，这样的一本漫画书是坏书吗？"

"嗯……"我的这位同窗沉思了许久，终于坚定地答道："不算，一本真正的坏书是没有意义的。"听了他的话，那些绞尽脑汁思考的同学，也恍然大悟："一本没有思想的书是坏书。""一本乏味的书是坏书。""不适合我们年龄读的书也是坏书……"

老师笑了笑，举起一本书问道："你们看过这样的书吗？"这时，我们班的大队长突然站起来，有点吞吐地说道："我，我看过。"啊？她的话立刻引起了同学们的一声声惊呼。

许久，教室里才安静下来。原来她看的是诸如《天使街23号》、《如果微笑》之类的青春文学书籍。有不少同学也表示看过《鬼故事》、《男生女生》等杂志。

听完她的解释，大家紧绷着的神经都放松了。

"诸如此类的书就像是'糖衣炮弹'。"白老师拿起粉笔，在黑板上轻轻写下了"糖衣炮弹"这四个字。"糖衣炮弹"？我们心里升起了一个小问号。正当我们对此迷惑不解之时，白老师又说："对！这种书就像包了一层甜蜜糖衣的炮弹，看起来诱人，读起来轻松，却麻痹我们的神经和意志。让我们在休闲、娱乐中变得慵懒、浮躁、追求安逸或刺激，不知不觉地就'中了毒'。"白老师总结道。

我若有所思地想：以前，我也看过类似的书，虽然现在已经不看了，但却一直不明白其中深刻的道理。通过这节课，大家都应该学会怎样选书。因为"读一本好书，就如同和一个高尚的人谈话"。

14. 如何让孩子与书交朋友

有些孩子非常爱读书，就像我们班的张潭心——书在握，旁若无人。可以毫不夸张地说，她几乎是手不释卷地在读书：上学的路上、课间十分钟、吃饭甚至如厕……一些不爱读书的孩子家长，打心眼儿里希望自己的孩子哪天也会像她一样爱上读书。

老师和家长正确的引导，能让孩子喜欢上读书，尽快和书交上朋友。

对学生阅读方面的训练，我分为几个步骤进行：

第一阶段：培养学生对书的兴趣。

此时，目的只有一个：让孩子拿起书。所以，从孩子喜欢的书开始入手，童话、寓言、故事……渐渐地，孩子对书感兴趣了，读书的热情自然会渐渐高涨。千万不能急于求成，也不一定非要让他们看大人觉得"有意义"的书。

第二阶段：教会学生选择书。

在孩子对阅读有了兴趣的基础之上，引导学生读符合自己年龄和知识水平、内容健康向上、适合少儿阅读情趣的读物。

从学生上三年级开始，我就开始这样引导孩子：一开始读童话故事，后来读校园小说。孩子们的读书热情渐渐高涨，不少学生看得爱不释手。看到如此情景，我心里由衷地感到高兴。

高兴之余，我发现了一些问题：虽然学生能够独立阅读，但由于年龄小、知识水平有限等原因，学生掌握不好读书的要领和方法，看书只是走马观花，有的是囫囵吞枣、有的是图个新鲜热闹；这样的阅读，难以真正理解书中的内容。因此，我决定在班里开展"师生共读"的活动。

第三阶段：教学生学会看书。

每天下午放学后，我都会和学生一起集体阅读半小时。首先，我先给学生范读来增强图书内容的感染力，并适时地加以讲解和点评，以增强学生的理解和感悟。这种引领很快使学生体会到了书的吸引力。后来，我让朗读能力强的学生来领读。再后来，学生每人一页轮着读。一到阅读时间，小干部拿出书和耳麦，交到学生手中。一个学生读完一页，把书和耳麦传给后面一位……不知不觉，学生的读书速度加快了，听起来流畅多了。不少孩子说，同样是读一本书，师生共读比自己读更有意思。

我们用这种方法读了《假如给我三天光明》、《影响孩子一生的100个故事》等书，学生读书的积极性被调动起来了。他们书包里掏出来的书越来越多，有寓言、童话类的，有故事、文学类的，还有科普和科幻类的……

凡事难以专进去，便无法钻进去；对于孩子而言更是如此。在他们没有兴趣时，任你怎么吵、怎么骂他们都做不好；而当他们对一件事有了兴趣以后，就会主动地想方设法去完成。

学生读书兴趣正浓的时候，正是对他们提出进一步要求的恰当时机。

我对学生们说："读书，光读还不够；要想事半功倍，那就要作批注、作摘抄、作读书笔记。"

记得我小时候上学时，课外书很少，最多的是几分钱一本的小画书。如果谁有一本文字的故事书，大家都会轮流借来看。每当我看到书中有好的句子和段落时，都感觉如获至宝，生怕书还了以后想看的时候看不到，赶快拿本子抄下来。

我在给学生们讲这些故事的时候他们听得很认真，也很好奇。接着，我又给他们讲了我教过的好学生和我的女儿："他们之所以作文写得好，与大量阅读好书有关，与读书的质量高有关。"

我在黑板上写下"不动笔墨不读书"一行字，并对孩子们说："我们在读书时，经常会读到描写得精彩的地方，有时候是一个词、一句话，有时候是一个动作、一个眼神或者一个表情、一个情节。读到这些能够与你心灵产生共鸣的地方，如果你动笔做上记号或在空白处做上批注，就可以使你对书中的内容印象更深，记忆更长久；有利于你积累写作素材，有利于扩大你的知识面、提高你的分析能力……读书作批注、作摘抄、写读后感都是提高读书质量的好方法。"

在我的引导之下，学生们圈圈点点、写写画画，手中的书开始变"脏"了、变"乱"了。我高兴地夸他们做得好，并鼓励他们："学会了用这种读书方法，将会一辈子受益不尽。因为最淡的墨水，也胜过最强的记忆。"

五年级，我让学生用这种方法精读了《昆虫记》和《草房子》两本书。有的学生说："我觉得读书作批注对我的学习有很大帮助，现在看过的书印象很深刻。"有的学生说："作批注这种读书方法，不仅在语文学习上起到的作用很大，在数学、英语和其他各科的学习中，也觉得帮助很大。我要坚持用下去。"

到了这个时候，就可以水到渠成地进行最后一个阶段的训练了：做读书笔记。

读书笔记可以采用两种方法：一是摘抄，二是写读后感。

让学生把看到的好词、好句、好段落摘录在本子上，名曰"集锦"。谁集得多，谁拥有的"财富"就多。

兴趣是最好的老师，这句话说得太好了。看得出，摘抄是他们乐意做的一件事。很多学生准备了"集锦本"，对待摘抄像对待好朋友一样细致和用心，摘抄本上排版整齐、字迹工整，看了之后使人赏心悦目。

无论做任何事，只要走上良性循环的轨道，就好办了。

写读后感，是对书中内容的再回忆、再理解，是对阅读过程及内容的沉淀和思考。写的过程又锻炼了学生的思维整合能力，提高了他们的概括和表达能力。可以说，一篇读后感表达了对一本书的综合看法，不同的人会有不同的感受，写出来的感想也不相同。比如，同样是读《假如给我三天光明》，有些学生看到的是海伦·凯勒的坚强，有些学生看到的是她的乐观……

从学生交上来的一篇篇读后感中，我欣喜地看到：个人阅读和集体共读相结合的方法使学生基本养成了阅读的好习惯，产生了越来越好的读书效果。

师生共读、亲子共读，不仅能给孩子创建一个良好的阅读环境，而且使老师和家长能够与孩子充分交流，从而使他们的综合素质得到提升。

试试吧！我相信用不了多久，孩子就会由引导变为主动，由学读书变为会读书，进而真正喜欢上读书。

15. 读出《论语》中的智慧

《论语》，是儒家学派最重要的经典著作，是了解中国文化不可不读的作品。

很多人没有通读过《论语》，但却能随口说出"三人行，必有我师焉"、"有朋自远方来不亦乐乎"、"不耻下问"等名言警句。的确，《论语》当中的许多名篇名句都对我们的生活、学习有很大的指导意义。可以说，《论语》当中的智慧，无论从今天看，还是展望未来，都有学习和继承的价值。

五年级的暑假，我让学生接触了《论语》，在假期里背了五十则。

开学后，我向学生提议每天中午"亲近"孔子十分钟——因为我们学校有近四千名学生，每天放学站队、排队、出校门的时间就长达十几分钟。我说："每天中午放学铃响后，我们用十分钟的时间来背诵《论语》，一天一则，一周五则。"

有学生应声叫好，也有学生不太情愿。我说："我理解你们学习一上午的辛苦。不过，我也是讲课、批改作业一上午啊。还按老规矩来，我和你们一起背，看谁先背会。"这下他们不但没了意见，而且都要和我争高低呢。

于是，每天上午最后一节课的下课铃一响，班长就在黑板上抄写论语一则。左边原文，右边注释，学生们照抄在笔记本上之后背诵。每背新的一则时，我总是设置情境和导语，帮助学生理解和运用，学生对这个环节很感兴趣。

比如，我说："通过经常复习，你在今天听写单词的时候成绩优秀——"他们接道："学而时习之，不亦说乎？"

我说："昨天你爸爸的老朋友出差来到你家，你爸爸高兴地说——"他们摇头晃脑地模仿古人："有朋自远方来，不亦乐乎？"

渐渐地，他们背出了兴趣、背出了劲头。平时上课发言、下课说话的时候嘴里也时不时冒出一句"三人行，必有我师焉"，"曾子曰：吾日三省吾身，为人谋而不忠乎？与朋友交而不信乎？传不习乎"。

放学铃响了，学生们在教室背完新的一则之后，下楼站队。边站队边齐声背诵，背着《论语》站直队伍，背着《论语》走出校门。

看学生越背越多，我想到了女儿背《长恨歌》和《离骚》时的情景。光背还不行，还要把背的过程写下来。于是，学生们写出了背《论语》的酸甜苦辣……

《论语》，多谢了！
黄泽宇

"多谢了，论语！"我这几天一直这样想，《论语》真是部很有名的书，它告诉我们该怎样做人、怎样努力学习。

其中最让我喜欢的一句话，是孔子说的："由，诲汝知之乎，知之为知之，不知为不知，是知也。"这句话教会我们必须树立起端正的学习态度：学习知识时，知道就是知道，不知道就是不知道，不能不懂装懂；有不懂的就去问老师、同学，这样才能学懂、弄会。而且，在学习任何陌生知识时，都要多思多想，直至理解它的含义、领悟它的精髓，这样才能达到活学活用的境界。

《论语》教会了我很多。谢谢论语！

再读论语
曹徐扬

读一句"学如不及，犹恐失之"，让我领悟到了学习的秘诀；读一句"君子坦荡荡，小人长戚戚"，让我领悟到了君子与小人的区别；读一句"刚、毅、木、讷，近仁"，让我领悟到了要怎样达到"仁"的境界。

伟大的孔子啊！今天就让我再读你吧！

《论语》，你是多少人的良师益友；《论语》，你是多少人成才的必读之物；《论语》，你这本书中包含了无穷的智慧；《论语》，你让多少人成为了君子；《论语》，你让富贵的人不再骄傲、你让贫困的人不再自卑、你让小人变成了君子、你让我们领悟到了学习的秘诀、你让我们学会孝敬父母、你让我们懂得说话诚实，你是无穷的源泉！人生的道路是坎坷的，只要在困难时读一读论语，就能让坎坷的道路逐渐平坦；你让我们懂得了万物的道理，在你这短短的一两句话中，包含着无穷的知识！

读一读论语，会让我们受益终身！

可爱又可恨的书——《论语》
姜子元

"学而时习之，不亦说乎？有朋自远方来，不亦乐乎？人不知而不愠，不亦君子乎？"如果你来我们家，便能听到这咿咿呀呀的读书声，虽然我读得很起劲儿，但读了这么长时间，我还是没有悟出这其中的道理，这使我十分郁闷。

《论语》是中国古代教育家孔子创作的，是孔子及其门人的言行集，内容十分广泛，多半涉及人类的社会生活问题，对中国人的文化素养及道德行为准则有过重大影响。在两千多年的历史中，一直是中国人的初学必读之书。书中主要描写了做人、做君子的一些道理，而正是这些道理让我很难理解。例如，什么叫"三年无改于父之道，可谓孝矣"？什么叫"慎终追远，民德归厚矣"？郁闷呀，不爽呀！这些深奥的东西从我开始阅读便在我的大脑里不停地转，让我一时得不到答案，使我开始厌倦这本书。

但是，它依然告诉了我许多道理。例如，"《诗》三百，一言以蔽之，曰：'思无邪'"，让我了解了《诗经》这本书的大概含义；在"温故而知新，可以为师矣"中，我知道了复习的重要性……

《论语》这本书中还有太多我不知道的秘密了，它还真是一本既可爱又可恨的书呀！

可爱又可恨的《论语》
郑立晨

"子曰：君子食无求饱，居无求安，敏于事而慎于言，就有道而正焉，可谓好学也已。"听，我又在念经了。我为什么要念经？唉，真是哑巴吃黄连，有苦说不出呀！自从老师布置了这项"破"作业，我真是恨死它了。暑假里，每天要不厌其烦地念，有时甚至念得昏天黑地、头晕眼花，神志不清！这《论语》浪费了我大量宝贵的时间。

早上刚起床，按照作息表的安排，趁着记忆好，就得读《论语》。"子曰：学而时习之，不亦说乎？有朋自远方来，不亦乐乎？人不知而不愠，不亦君子乎？"我摇头晃脑、声情并茂地念着可恨的"绕口令"，过路的行人听到了，说："呵，哪来了个小书童？"我听后，心里好像舒服多了，看来努力还是很值得的。

今天晚上，我和余翔他们照常去滑冰。这时，张格学要向我挑战背诵《论语》，哈哈！我是必胜无疑了，我暗自庆幸。"我先！"我争到了第一。"三人行，必有我师焉，择其善者而习之；择其不善者而改之。"我异常熟练。张格学也不甘示弱："温故而知新，可以为师矣。"我们两人比了很久，终于，我胜利了。旁边的叔叔阿姨都夸我们两个爱学习，将来前途无量！我们听了，心里比吃了蜜还甜。啊！可爱的《论语》，我太爱你了！

这《论语》虽然难学、难懂，但只要勤奋，就一定能学好。它使我们修身养性。我越来越爱读书了！

16. 能力，在活动中振翅高翔

下课时，我喜欢站在走廊上看学生们肆意撒欢地玩。这时候的孩子，一个比一个可爱、灵动、机敏，浑身上下全是优点。

谁说玩不是学习呢？玩也是一种提高啊！

是的。孩子所有的能力，都是在活动中表现、发展和提高的。

你看，孩子在听说读写的学习活动中，学习能力能得到提高；多参加跑跳竞技的体育活动，运动能力能得到提高；参与了吹拉弹唱的文艺活动，就有很好的艺术才能和气质；而参加社会活动多的孩子，在适应能力、应变能力等方面表现得肯定更出色……

有这种教育意识的家长，总是能从孩子生活的方方面面找到教育时机，在每个活动的环节和细节中发现提高孩子能力的机会。

我经常根据学生的特点，组织开展各种活动。让学生在集体活动的参与中锻炼、感悟、提高和成长。家长会上，我和家长朋友们也常交流这个观点。

各种活动中，我关注学生的参与兴趣，注重发挥学生的主动性，给他们创设宽松、和谐的氛围；让他们带着热情、充满兴趣地投入到学习和活动当中，从而培养他们的自信心、竞争意识、学习能力、团队意识、合作精神以及认识自我和他人的能力。

以跳大绳为例。二年级的时候，我组织孩子们第一次跳大绳，当时的他们看着绳子在空中落下又荡起，根本就不敢往里进。可坚持跳下来，到四年级的时候，全班同学都跳得非常好。我们班在练习的时候，周围里三层外三层围满了人观看，边看边为我们数数。2008年和2009年、孩子们五六年级的时候，学校决定让我们班代表学校的跳绳队参加区里的跳大绳比赛，在这次比赛中我们获得了自学校参加这项赛事以来的最好成绩。

孩子们有收获，家长就高兴。我们的活动基本上以学生在校内的时间为主，围绕和利用课堂开展，不会影响到孩子和家长在其他时间的活动安排。所以，家长们非常支持班级各项活动的开展：要厨艺展示了，他们在家教孩子提高厨艺；孩子要当小老师给家长上课了，他们将自己还原成为小学生认

我们稳赢，我们必胜——同学们在学校的运动会上

真配合……家长们都说，学校和老师有组织的活动，既使孩子有收获，也让家长更省心。而他们的支持和配合，也更加保证和促进了孩子的锻炼和提高。

办电子报、手抄报。我经常给学生布置这项作业，对一些家里没有电脑或者因为上亲友家度周末无法用电脑的学生，可以用手进行书写和画画。我只给他们规定一个大的主题范围，其余让学生自由发挥。比如，新学期计划、我是环保小卫士、预防传染病、欢乐过春节等。这项作业注重培养的是学生收集资料、对资料的取舍整合能力、色彩的搭配与协调能力。

开辩论会。学生对某些事物的关注度高、兴趣大，比如看电视、上网、眼睛近视等问题，我就采取辩论会的形式让他们讨论。学生的参与积极性很高，双方辩手唇枪舌剑，有时候会争论得面红耳赤。通过辩论，学生认清了事物、明辨了是非，知道小学生看电视应该正确选择节目，把握好看电视的时间；利用网络主要是帮助学习，玩游戏要有节制，时间上也要有限制，不玩对少年儿童身心发展不利的游戏。

举行厨艺大比拼。在秋天水果最多的时候，我们班总会举行一次"水果拼盘"比赛。学生拿来各种水果原料，在课堂上削皮、切片、雕花、摆放；而在"厨艺展示会"上，他们将自己在家亲手做的菜，拿来装盘后给大家讲解菜品的制作过程。互相学习之后，评出优胜者。最后相互品尝，共享成果。

学生最怀念他们在上六年级时那次包饺子活动。冬至当天，我们把课桌拉开，铺上桌布，摆上面板。孩子们有的和面、有的擀面皮、有的包饺子，我和两位家长代表给他们煮饺子，《阳光少年报》的小记者负责给大家拍照。大家包出的饺子各式各样，大到"饺子龙"，小到"猫耳朵"，充分展示了同学们的创造力。这些活动培养了学生的参与意识，提高了自理的能力，更体现出团队间的配合。

编演课本剧。小学生对表演非常感兴趣，所以，每学期我都会从语文教材中选取一两篇故事情节性强、有教育意义的课文，让学生编成课本剧分组表演。《雪孩子》、《九色鹿》、《公仪休拒收礼物》、《负荆请罪》……学生们做道具、分角色、对台词，在实践中展露才华，培养创新意识。

此外，演讲、拔河比赛、讲课、办报、卖报等多种活动的开展，既增强了学生对语文学习的兴趣，又加强了课内知识和课外知识的融合，也让他们充分体会到自己是学习和实践的主人，感受到积极参与和获得成功的快乐，进而理解自身价值与劳动的价值，使他们的综合能力得到提高。

另外，我还围绕着时事政治、社会新闻和一些热点问题开展了一些活动。例如，让学生学习国际维和部队的资料，讨论国际维和部队为世界和平作出的贡献，交流自己的心得体会。汶川地震后，号召学生关心灾区、组织收看灾区灾情，以班级名义倡议全校同学为灾区捐款；针对黄河湿地白天鹅死亡引起的社会反响，让学生读报纸、举行中队会讨论白天鹅致死的原因、设计保护措施，呼吁全社会保护动物。通过这一系列活动的开展，学生拓宽了知识面、培养了集体主义观念、增强了社会责任感、提高了遵纪守法的自觉性与自制力。

希望孩子们在学习和生活的过程中，享受过程、品味成功、战胜困难、乐于竞争，将来以健康的心智适应社会，接受挑战！

17. 我特懊悔，为什么没有举手呢？

我特懊悔，我为什么没有举手呢？这篇演讲稿很短，我在家里对着镜子练习了好几遍，是准备好了的，临出家门还默默为自己加油鼓劲呢。可现在，我看着同学在上面讲，自己的心里有压抑、有冲动、有遗憾。一会儿想我肯定比他讲得好，看，他忘词了！一会儿又想，瞧，我在这一句还加了手势呢……最后剩下的全是懊悔了，这种心情使我一天都无精打采的。

我不希望放弃机会，更不喜欢在放弃机遇的同时后悔。在下一次幸运光临时，我要紧紧地把握它，不再让它溜掉，留下深深的遗憾。

在这次拓展训练之后收上来的作文中，一些同学写出了自己没有上台演讲的感受。上面这段话就是周悦盈写的。

这是一次怎样的演讲呢？

没错，昨天下午放学前，我说："明天的语文课我们举行演讲比赛！就以第14课《学会合作》为素材，可以照着原文演讲，更鼓励大家改革和创新。我将视演讲的效果及改革创新的力度予以加分。"

现在，我透过教室的玻璃窗，看见黑板正中的位置上已经写好了"学会合作"几个粗体的彩色大字，板报小组的几个学生正给这几个字勾勒花边。走廊上、教室里，不少学生在作着演讲的准备。这个班的学生我已经带了五年半，他们积极热情、充满活力，大大小小的活动我带着他们搞了很多次。也不知是我的童心在影响他们呢，还是他们的活力四射感染了我。我只记得，每次活动时我的号令一出，立刻会得到他们的热烈响应。无论是表演还是辩论，无论是办报纸还是搞展览……以至于我经常冒出这种念头：当老师真好啊！看到小树苗抽芽长高的过程真好！

此刻，学生们都挺直腰板跃跃欲试，一副准备充分的模样。不过，也有几个腼腆的女孩儿面面相觑，不敢抬头与我的视线相碰。

"我数五秒钟，举手的同学将夺得第一轮演讲的机会。五、四、三、二、一！"我每喊出一个数字，就会有几只小手陆续举起来，同时也令班上的气氛更加紧张。

"机会是给有准备的人准备的啊。"我环视着学生举起的手,用手指点着,排出了上台演讲的先后顺序。这个环节就像田忌赛马,谁先谁后大不一样。

演讲开始了,我拿出数码相机轻轻走到教室后边。平时班里开展活动时,我都会给学生们留下点镜头,有时候洗出来当奖品发,有时候贴在教室后面的黑板上供大家看,更多的时候我放在电脑里。我电脑里存了孩子们小学生活六年中的各种图片,每一次看都能感到他们在成长。

有的学生把手举得更高了,最积极的要数刘然和张家耀,他俩竟然站在过道上时刻准备往讲台上冲了。我一看,这气氛太好了!趁势又"添了把柴":"你们两个出拳吧,用石头剪子布来决定谁下一个登台!"

随着他们举起又落下的胳膊,班里的气氛达到了高潮。最后,刘然赢了。

他一开口就博得了同学们的阵阵掌声,大家为他在文章的结构上大胆改革、进行段落"重组"而鼓掌。这孩子真机灵,我昨天刚讲过这篇文章的结构特点,没想到他今天就学以致用得如此恰当,把文章的首尾进行了调整。

张家耀在演讲

接下来，张家耀的演讲更加富有感染力，无论是以业余的还是从专业的演讲标准来衡量，我都不得不这样评价他。

一上台，他就充满激情地讲了起来，声调和语气在瞬间就把每个人的心抓住了。我心里不禁想到了一个人，但这个念头只在脑海里闪了一下，就被他打断了，因为我听他说出了美国现任总统奥巴马的名字。我赶紧回过神来仔细倾听，原来，他只用课文的第一段开了个头，而把文中两个合作的事例，换成了奥巴马和他的团队精诚合作、最后成功当选总统的两个事例。

最后，他用奥巴马就职演说的最后一段话结束了他激情的演讲，并且，用的是英语！我拿相机的手不由自主地停下来……

"Yes．We Can！"张家耀那号召力极强的声音，还有澎湃的激情与高高扬起的手臂赢得了同学们经久不息的掌声。片刻之后，全班同学有的叫喊、有的挥手、有的鼓掌、有的甚至在发愣。

接下来，姜子元的演讲也是别出心裁，他以2008年F1法拉利车队成功合作赢得总冠军的事例说明了合作的重要性。

王灿宇在演讲时，引用了很多名人名言；孙依佳则从身边的事例说明了合作的重要……

总之，我从这次班级的演讲中再次看到了学生身上潜在的巨大能量！更觉得作为老师需要不断地学习，为他们做更多的事。我在想：学生们还有多少本领我没有发现？作为老师要不断地为他们做些什么，才能使他们更快地成长？

战胜自己，就是胜利

孙依佳

假如有人问我，这世上我最大的敌人是谁，我会毫不犹豫地回答道："我自己！"只有战胜自己的内心，才能取得胜利。然而今天，我不仅战胜了自己心中的恐惧，还得到了一份意外的礼物。

轮到我演讲了，我慢慢静下心来，然后深呼吸一口气，"飞奔"上了讲台。"今天，我想跟大家谈一谈合作的话题……"我用清晰、嘹亮的声音讲述着我所准备的内容。

也许在别人面前，我已经战胜了自己。可是又有谁真正了解我现在的感受呢？我心中还是有些胆怯、害怕，能很明显地感受到心脏跳动的速度，它简直跳到了我的嗓子眼,若不是有这么多人在为我鼓掌加油,我真想跑下讲台,离开这个地方。渐渐地,我的胆子大了起来。

"只有学会与别人合作,才能取得更大的成功!"真不敢相信,我一字不落地将我课下充分准备的成果展示了出来,同学和老师给予了我最热烈的掌声。特别是白老师,我看到她的脸上露出了欣慰和高兴的笑容。我想,白老师现在一定在想:"孙依佳,祝贺你!你终于克服了心中的恐惧与害怕,完完整整地讲述了你所想表达的道理。老师相信你以后的口才与交际能力会变得越来越好。孩子,老师看到了你的进步、你的努力,希望你继续加油,更上一层楼!"

最后,白老师给了我2分的勇气分,还给我加了3分的演讲效果和演讲内容分,这5分期末都会加到我的综合评定之中,这可真是一份我意想不到的礼物啊!

从我的经历中,你是否会学到些什么?没错,世界上没有什么事是我们办不到的,只要我们勇于尝试,勇于创新,就会有自己意想不到的结果。机会总是会给有准备的人。同学们,希望你们能珍惜别人给的每一次机会,不留下永久的遗憾!

为准备好的人——鼓掌

徐杨

"哗哗——"震耳欲聋的掌声不仅使我的耳朵产生振动,更加使我的心发出感叹:为准备好的人——鼓掌!

昨天,我们刚刚学完了第14课——《学会合作》,因为这篇课文是一篇演讲稿,白老师希望在课堂上看到我们能把这篇文章完整、流利、有感情地给大家演讲。同学们都渴望把自己最好的一面展现给大家,回到家里都做了充分的准备。

第二天上课,老师站在讲台上对我们说:"谁准备好了?请站起来吧。我倒数五秒钟,你不站起来可就没机会了!"

"五——"我扫视了一下全班,只有一位同学站起来,我的心里忐忑不安,到底站不站?昨天晚上我已经给爸爸朗读过了,爸爸还提出了不足。可是,我没有再顺一遍。

"四——"又有一两位同学站了起来,是杨岳青和程宝峰,他们两个都站起来了，我再不站起来是不是有损我班长的威信？

"三、二、一——"时间好像在故意和我作对，转眼间已经站起来了9位"勇敢者"，我这位"旁观者"只能在心里默默后悔，后悔我没有做好充分的准备。

我又想起了那句发人深省的话，机会总是青睐那些有准备的人，而成功是给那些准备好的人。这次听同学演讲，不仅让我学到了合作的宝贵，更让我知道了准备的重要性。

听同学演讲（片断）

赵思媛同学是按照原文的意思演讲的，我觉得如果我上台的话，我也会像她那样，甚至比她演讲得更好。但是机会往往掌握在有准备的人手中，我现在只能低头叹气。为什么我在家里演讲得不错，却没有像其他同学那样上台演讲呢？主要原因是我没有足够的自信心，把自己看得非常低、非常渺小、非常微不足道……

加油，宋晗！你一定可以将埋藏在心中那很深很深的自信心提出来。

宋晗

最让我受"打击"的是张家耀同学，他还未成年就如此熟知国际方面的大事，真令人佩服。他演讲时慷慨激昂，给观众以很大的震撼。这时我在心里打起了退堂鼓，自言自语道："我还是别去了吧。"但是最终，我还是打起精神来，勇敢地走上了讲台……

邹文璨

同学们演讲得这么好是白老师没有想到的，更是同学们没有想到的。尤其是张家耀同学，他竟然是用英语说的奥巴马那段关于合作重要的话！为了让我们理解方便，他还把大致意思给我们翻译出来。

以后我也要换一种方法去学习，把学习与实际结合起来。这次的演讲，听得很享受，不但知道了许多知识，而且又懂得了一种新的学习方法。

洪伊晨

18. 与孩子互换角色

四年级时，发生了这样一件事：我和学生在无意之中进行了一次角色互换。

设计这个"我和老师换角色"活动的本意是为了检验学生预习的效果，没想到效果出奇地好，不仅使学生参与课堂学习的积极性空前高涨，听课的效果超出了我的预期；还让我在无意之中发现了一个提升学生能力的好方法。

语文课上，我对学生提议："下节课我们要学习《我不是最弱小的》这一课，我有个想法，想和你们互换一下角色：你们给我当老师，我当你们的学生……"我的话没说完，他们就一致叫好起来，而后相互交换着好奇的眼神和兴奋的表情，有的在小声议论，也有的在大声提议，让我说得明白一些。

"好吧，都认真听啊。今天的家庭作业，老师和你们换着做——你们认真备课，准备明天当老师；我呢，下工夫预习，争取明天当个好学生。"

"好啊！好！"学生们一呼百应，情绪异常高涨。

"这是一篇以爱为主题的精读课文，讲述了5岁的萨拉一家人夏日外出郊游，在大雨突然来临时，互相传递雨衣的感人故事，文章处处洋溢着融融的爱意。"我简单地概述了课文的内容，接着又以平时上语文课为实例，告诉他们怎样备好一节课。最后我用鼓动性的语气说："明天谁想率先占领讲台，第一个当我的老师？"

不少学生毛遂自荐，更有同学争先恐后提名他心目中合适的人。最后，自荐和推举相结合，确定人气最旺、胆量和口才都很好的张家耀同学担任明天语文课的老师。

第二天上午，上课铃响了，我提前站在教室门口，等同学进完之后，我紧随其后进了教室。座位上的张家耀同学一看见我，马上站起来大声冲我说："白同学好！"

我笑了，没有想到这个阳光男生会用这样的方式向我问好。我吃惊而不流露地笑着回答他："张老师好！"

看着我们俩,其他学生一边笑一边挺直了身板:这节课真有趣!

"开始上课吧?"他胸有成竹地询问我。

"开始!"

他起身走上讲台,我坐到了他的座位上。

"你是我们班最弱小的吗?""当你遇到比你更弱小的人,你会怎么做呢?"

"张老师"的开场白一出口就引起了同学们的兴趣。因为换了新老师,大家举手的积极性明显高于平时。只见他扫视教室之后接着说:"今天我们学习第14课《我不是最弱小的》。首先,我们给课文分意义段。"回过身,他在黑板中间的位置写上课题。

经验很丰富的样子啊,我在心里说,语言也很简练。

刘然被请起来发言,他说:"课文分有九个自然段……但我认为最后还应该再加上一段才显得完整,我准备加这样一段:'妈妈说,是的,现在你不是最弱小的了。'"

再看"张老师",只见他像个有教学经验多年的老教师那样,右手拿着粉笔、左手五个手指夹着语文书,冲大家说道:"刘然这个提议有没有道理呢?大家拿起书把他刚才加的这一小段放进课文中读一遍,看看效果怎样,好吗?"

今天,同学们读书声音的整齐和洪亮都超过平时,我不由地想:课堂上出新才能吸引学生,激发学生的学习兴趣啊。

读完了,大家一致觉得刘然同学的提议很有道理。

接着,"张老师"让大家提出自己不理解的词语,于是"纤弱"、"大雨滂沱"等词被提了出来,同学们的回答都很好。我不时在心里称快,但有一个学生提出"蔷薇花是什么花"这个问题。我一愣:这个问题我忽略了。令我没想到的是,李怡雯同学胸有成竹的回答解除了我的担忧。她说:"蔷薇花自古就是佳花名卉,花色很多,有白色、浅红色、深桃红色、黄色等,花香诱人,花期是每年的5至9月。"

"蔷薇花还有很好的食用功效:能消暑、化湿、和胃、止血。""蔷薇盛开,标志着春天即将离我们而去,夏天向我们走来。"又有两个同学补充道。

我松了口气。他们备课备得多认真啊,一个细节都不放过。

从许多事实中看得出,孩子们的能力有时候真是超出大人的想象,只要家长和老师给他们提供机会，他们真的会做得很好。

我们班不久前成立的"阳光少年"文学社和创办的《阳光少年报》，他们自己写稿、投稿、校对、卖报……做得都有模有样。

思绪回到课堂。

刘然这个平时就爱思考的孩子提出了一个让人没有料到的问题："这篇课文的第一段为什么要写到托利亚这个人？"

"刘然说的跑题了！"黄泽宇大声喊。

"我是根据课文内容提出的问题，怎么跑题了？"刘然脱口反驳。

此时的课堂气氛很活跃。

"我来补充回答。"李成元说："作者在开头第一段写到托利亚，我认为是为了更加衬托出来在妈妈、托利亚和萨拉这三个人中，萨拉是最弱小的。"

"对，我认为作者就是这个意图。"

大家也都表示同意这个观点。这时，刘然满意中含着得意地冲黄泽宇笑了笑。

"张老师"先表扬了刘然爱思考，又向大家提出了问题："这篇文章到最后一段时，萨拉说了一句话、一句问话，'现在我不是最弱小的了吧'？请问他的这个反问句是什么意思，谁知道？"

此时课堂的活跃气氛达到高潮，大家都急着举手争抢回答，张家耀为难地不知叫谁好，当他目光转到我，看到我也举起来的右手时，马上冲我伸出手掌："白同学，请你回答。"

"五岁的小萨拉说这句话的意思是，他不是最弱小的，他比蔷薇花强大。他可以用雨衣保护娇嫩、弱小的蔷薇花不被雨淋。"

掌声响起，大家对我这个"学生"的表现给予了肯定。

我站起来，走向讲台，和"张老师"并肩站在一起，总结道："孩子们，被人爱是幸福的，而爱别人，把爱给予比自己弱小的人，更是快乐的！难怪小小的萨拉也想证明，我不是最弱小的！让我们都来伸出援助之手，去保护和关心比自己更弱小的人！"

掌声响起，我也激动地加入其中。

"同学们，这掌声应该送给你们自己，送给教室里的每一个人。今天的语文课上得很成功，你们以精彩的课堂表现向老师证明，你们的自学能力很强，潜力、创造力都很大。老师希望你们越来越会学习。"

是的，我很激动。我从课堂上学生的听讲和发言中看到，他们学习的自我能动性被调动起来了，成了课堂上的小主人。同时，也让他们对老师这个职业有了亲身的感知。作为老师，我也为自己又找到一个提高学生综合能力的方法、一个培养学生素质教育的新途径而高兴。

记得那天我布置的作业更令学生兴奋不已："今天，老师要和你们完成同样的家庭作业！"

"以今天的事为材料，写一篇日记！"学生兴奋地喊起来。

19. 让更多的孩子超越自我

这次和学生互换角色的尝试效果真的很不错。张家耀同学的教风和组织教学都很好，虽然偶有片刻的中断，但并不影响台下学生的思考，可以说，应该让学生掌握的知识点全部讲出来了，堪比一些师范院校实习的学生。

要知道，他们只是四年级的学生啊！

家长们对这堂课的反应让我更加深了对这种教学方法的认识。

有个家长说："哪怕孩子讲得并不好，只要敢于登上讲台，掌控十分钟课堂，也是对孩子的胆量莫大的锻炼！"还有些家长提议，能不能让更多的孩子有这种登台锻炼的机会。

其实，那节课后，我也一直在考虑：孩子能力的提升空间多大啊！被动接受是种提高，那么，有目的地加以训练和培养呢？

看来，平时让学生多说、多讲，太有必要了！

五年级以来，每天上午预备铃响后，班里轮流进行早新闻发布；平时在班级管理上，让学生以自主管理为主，我只作听众和参谋；多次举行的辩论会、一次次的主题队会、联欢会、课本剧表演……从这些活动中，学生的胆量一天天增大了，自信了，从容了……真是给他们一点阳光，他们就会灿烂啊！

师生互换角色，使我对叶圣陶先生"教是为了不教"的思想理念有了更深的理解，让我对课堂教学的模式重新认识，对课堂教学的效率和教育教学的质量进一步思考；同时我还感到，"授人以鱼不如授人以渔"这句古语多么耐人寻味——传授给学生既有的知识，不如传授给学生学习知识的方法。

毫无疑问，这个活动再次证明了：教师的任务是教会学生自主学习，而要达到这一目标，指导至关重要。

有不少学生天天追着我要求上讲台。看来，这个活动有继续下去的必要性。

为给更多孩子提供锻炼的机会，提高他们参与课堂的积极性。"老师学生大变身"又在我们班不定期地举行过多次。学生在语文学科的学习中，变得更自主也更有方法。有时，因为一节课无法满足多名学生讲课的愿望，只好由几个学生把一堂课"瓜分"了讲。虽然全班八十个学生当中,不是每个人都当过小老师。但是,他们都说,即使是当学生,收获也很大。因为朝夕相处的同学瞬间由学生变为老师,他们上课时的感受和听课的效果非同寻常。

讲过课的学生说:"当小老师不容易。备课时,每一个细节都要备到;讲课时,每一句话都要深思熟虑后才能从口中讲出来,生怕说错……当老师不容易,今后上课时会更加认真听讲,跟老师学习讲课的艺术性。"

没讲过课的学生说:"听同学讲课和听老师讲课感觉不同,一是新鲜、二是感慨、三是能够听出来讲课的不足之处。"

总之,课堂角色的变化,无论是学生还是老师,收获都是多方面的。

老师当学生

韩旭

"今天这节课,"白老师一进教室就开口说道,"我们还来换角色讲课。谁来当老师?"

白老师话音刚落,只见许多同学飞奔到讲台上,争当老师。只听白老师说:"各位男士,做次绅士。这次让朱慧女士如愿当一次老师,好不好?"神速跑到讲台上的张家耀、王灿宇同学只好恋恋不舍地走下讲台。

讲台是"朱慧老师"的了。

开始讲课了。"朱老师"先让我们把《变色龙》这篇课文读一遍,看谁能分分段。我边读边想:不知道这节课会是什么样的,真让我期待。

"同学们,读完课文有谁来分段呢?"只见比平时上课多一倍的小手举了起来,"朱老师"两眼发光,激动得不知道叫谁好。我这时小声说:"这种讲课方式还怪好的,这么多同学举手。"这时刘晨阳被点名了,他站起来说:"我是这样分的:第1大段讲了发现变色龙,第2大段讲了端详变色龙,第3大段讲了放生变色龙。"

"嗯,好。有没有谁的分法和刘晨阳的不同?"

"没有?那好,大家读一遍第1大段,看有没有不懂的词或句子。"刚读完课文,有位同学就把手举了起来,"朱老师"说:"你有什么问题?"

"我不懂什么是'中非工人'。"

"大家谁能来解答?李怡雯!"

"中非工人的意思也就是中国和非洲的工人。"

"有没有不同意见？白同学（白老师），你说。"顿时，班里议论纷纷，有的说："朱慧竟敢叫白老师。"有的说："朱慧胆子真大。"可是，白老师却像学生一样站起来认真回答问题。我心想：白老师如此平等待人，这样的好老师真是难见啊！

白老师用她那温柔的声音说："这里的'中'是中部的'中'，非指非洲，非洲有东非、南非……所以中非的意思是指非洲大陆中部的内陆国家。"……

下课铃响了，可我觉得好像还没上够40分钟呢。这种讲课方式太好了，既有趣又长知识，希望以后还能用这样的方式讲课。

备课练习四
王灿宇

昨天下午放学前，白老师说，将明天的课堂完全下放给我们这些天真可爱的孩子，完全由我们自主讲课（虽然只是练习四）、自由发言、自己利用，甚至可以把课堂当成游戏来"玩"也无所谓。我们欣喜若狂。

我们组虽然只分到六个词、五分钟，但小组成员还是细心努力地研究、分析、备课。

上午的课堂上，我们组徐杨的讲课效果可谓是出奇地好，她无论从教学道具、教案以及课堂把握上都可谓是完美无缺。现在回想起来她所讲的内容依然很清晰。我不由地回想起昨晚我备课时的情景。

昨天下午一放学，小组长便把全组人都召集起来，商量讲课的分工，向来以预习好、备课棒的我毫无疑问地分到了全组"最重的担子"。晚上一回到家，我便直奔电脑，在网上搜索讲课所需要的7张京剧脸谱及教案。谁料到脸谱好找，教案难找极了！找得我眼花缭乱也没找到，当时心中想的只有：一定要找到，不然我就会拉全组的后腿。功夫不负有心人，终于让我在一个网站上找到了练习四的教案，我心里像吃了蜜一样高兴！

最终，因为全组人的努力，我们还是获得了比较满意的课堂效果，为我们组增添了荣誉。

20. 特殊的作业——给妈妈讲课

《青海高原一株柳》是六年级的一篇课文。

文中，作家陈忠实写了青海高原上的一株柳树，它靠着坚韧的毅力和顽强的生命力，不但在高原生存下来，而且生长得那般粗壮、那般苍郁、那般生机勃勃。相信每一个读完这篇文章的人，内心都会被这株柳树顽强的生命力而深深震撼。

为了让学生学习这株柳树的精神，以便在今后生活和学习遇到困难的时候增添克服困难的勇气和信心。在教学中，我引导学生从字里行间体会和品味柳树在高原生存环境中的艰难，从而让学生内化这种精神。

我费了很大的心思来琢磨：这一课怎样讲才能让人人都动起来？怎样讲才能让每一个学生都对课文达到最大化、最深度的理解？

对！人人都讲，并且给家长讲！学生不但能对课文理解得更透彻，也能使家长从孩子的讲课当中看到他们的进步；而且，这更是一个让家长了解学生在校如何学习的好方法！因为，家长眼里的孩子是生活常态下的孩子，当孩子的角色转变成老师时，家长是新奇的，甚至是从未见过的。

我为自己又一次找到了一个独特的教学方式而兴奋。

于是，我给家长发短信，告知他们：学生今晚的语文作业，是给家长讲《青海高原一株柳》一课。请家长务必在百忙之中抽出四十分钟左右的时间，当一回小学生，听自己的孩子讲完这节课。

第二天一上班，一个个短信息提示音响起，是家长们发来的。他们感慨孩子的成长，感谢老师的用心：

离开校园多年之后，在今晚听孩子讲课，感触很多。感谢老师布置的这个特殊的作业，它使家长重温校园时光，让我们感受到孩子突飞猛进的成长步伐。孩子变换老师角色这一做法，让孩子与家长共同体验到了学习的乐趣。

孩子对这篇课文的理解，让我们感到惊喜。谢谢老师这个特殊的作业，无论给孩子，还是给家长的人生路上都留下了回味无穷的记忆。

打开邮箱，一封封邮件，有学生写的讲课感受，有家长写的听课感想。

让我们从父母的感受中体会孩子们的成长吧。

回到家吃完饭，和孩子面对面坐下来已经九点多，孩子很正式地拿出课本，对我说："刘燕同学，你对"青海高原一株柳"这个题目有何想法？"真没想到，小老师还有模有样，我不敢糊弄，认真作答。

在接下来的半个多小时里，小老师逐段向我提问，并向我讲述他的看法；小老师和我一起朗读课文，对我回答不全面的问题耐心讲解。起初，小老师还有点放不开，讲起来语言流畅但态度拘谨。随着课文的深入展开，小老师的发挥越来越好，当讲到灞河柳树与青藏高原柳树的区别时，他让我在第八、九段里找，我只看到大段对灞河柳树的描写，所以回答时磕磕绊绊，小老师启发我：除了这个，还对比了什么呢？我虚心向他请教，小老师认真讲解，让我豁然开朗。

孩子今天放学晚，但大概是"老师"的角色在身，这么长的一篇课文讲得耐心细致。中间他出现了头痛，我按摩了几下之后仍坚持讲解。今天的课文量大，换在往常，孩子背不下来肯定又急了。也许是受了高原杨柳坚忍不拔精神的启示，孩子不停地读啊、背呀，边喝中药边背，实在坚持不下去了才在我的一再劝说下，放下课本。这让我想起孩子给我讲解最后一段时说的话："这篇文章不仅讲的是柳树，更重要的是讲人不畏艰难、顽强抗争的精神，我在学习或生活上遇到困难，也应该勇敢地与困难作斗争，要坚持到最后。"

谢谢老师这个特殊的作业。

邹文璨妈妈

"今天，我们来学习《青海高原一株柳》这篇课文，我先读一遍，徐进同学仔细听，然后回答我提出的问题。"女儿高声说道，一下子就把我带到了课堂气氛之中。

嘿，你还别说，这小老师讲得还真不错，平时我让女儿讲数学、英语比较多，因为我把它当做既复习知识又锻炼口才的一种方式，女儿也很喜欢这种学习方法，但讲语文课不多，真没想到她同样讲得这么好：朗读时抑扬顿挫，讲解时声情并茂；更难能可贵的是，她能结合这株柳树的精神，引伸到人面对困难、挫折时的态度，并列举出这方面让我学习的楷模：霍金、海伦·凯勒……

　　我很满意小老师的这堂课：准备充分、条理清晰，补充了不少课外的知识，还很好地结合现实来指导人生，一个六年级的孩子能把课文讲解到这种程度，可以说学习这篇课文的目的已经达到，她的这堂课应该得满分。

　　希望小老师在大老师的指导下，未来有一天真的能走上讲台，成为"太阳底下最光荣职业"中的一员。

徐杨爸爸 徐进

　　今晚，"刘然老师"为刘文莱、童叶琳两位"同学"上了一堂生动的语文课。

　　"刘然老师"带领我们朗读了课文、划分了段落，并对修辞、句式进行了认真的分析，引导我们深入地领会课文的内涵和精神所在，让我们真正地体会到这株柳树神奇的生命力和对生命的渴望。

　　"刘然老师"的授课严谨有序、条理清楚，并不时改进授课方法。如果将来他能够成为一名称职的老师，我们会感到欣慰的。

刘然家长

　　今天我的女儿给我讲《青海高原一株柳》这篇课文。首先，我觉得这种学习方法值得提倡，它既培养了孩子的自学能力，又提高了学习效率，同时也提高了孩子的语言表达能力。这种方法要长期坚持下去。也许是刚刚开始的缘故，孩子表达起来有点语无伦次、力不从心的感觉，还有就是语言不够生动、不吸引人，缺乏肢体语言，缺少感染力，希望以后通过锻炼能尽快成熟起来，达到这种方法应有的效果。尽管今天的课讲得有许多不尽如人意的地方，但毕竟迈出了第一步，我相信孩子在不久的将来一定能给大家带来一堂生动、有趣的语文课。

江酉玥妈妈

　　看到老师的短信后，知道孩子今晚要当我的"小老师"，说实话，我真想当回"小学生"，同时看看儿子对课文的理解到底怎样。我听后的感觉是，当一回"小学生"感觉真不错。

　　一、优点。"老师"能大胆地进行朗读、讲解，说明在之前做了较为充分的准备，对课文的理解比以前深入了许多。今天在课文讲到结束时"老师"提到，作者写青藏高原的柳，实则由柳及人，人应像柳一样，能在恶劣的环境中顽强生存下去，只要努力、永不放弃，付出心血和汗水，就能取得成功。这是思维活跃的一个重要表现。

二、进步。以前胆子较小，上课发言不大胆。转学到这里一个学期以来，能积极给家长讲一些学校、班级里发生的小趣事。说明有进步了。

三、不足。分析课文各段所表达的中心内容以及文章的写作特点没有明显地突出出来。

四、希望。望学生在老师的悉心教导下，团结同学、快乐成长、快乐学习、不断进步，取得更好的成绩。

周鹏家长

21. 打开学生的魔力盒

夜深了，可我仍然没有一丝困意。眼前晃动着的，依然是今天下午（2006年12月5日）文学社成立时学生们兴奋的脸庞和热烈的场景。

四年级以来，随着他们的作文一篇篇在《阅读与作文》、《金色少年》、《作文指导报》、《大河报》等报刊上发表，孩子们的写作积极性也步步高涨。文章长了，内容多了，读起来越来越吸引人了。

今天，郑立晨同学的文章《橡皮的自述》在《大河报》上发表了，这是班上学生发表的第15篇作品。我把这个消息一宣布，学生们立刻把目光投向自豪的郑立晨，向他鼓掌庆贺，并请我朗读这篇文章：

我是第18代橡皮的掌门人了，全身纯白，出自"亚泰帮"。我方方正正，仪表堂堂。我早就知道发生在前17代橡皮掌门人身上的"血案"了。所以暗下决心：为了不再重复他们的命运，我一定要好好为小主人服务。

这天，我舒适地躺在文具盒里，估计是小主人写错了一句话，他拿起我按在错误上，用力地擦了起来。顿时，我皮开肉绽，疼得"嗷嗷"大叫。小主人理都不理，擦完就把我扔进了文具盒。当时，我很伤心，以为小主人不爱我了。后来，才从小主人和同桌的谈话中知道，小主人今天早上受到了妈妈的批评，心情不好，拿我来发泄！

我把眼神从报纸上移开，转向学生，他们果然满脸的羡慕和陶醉。

"并不是每个学生的作文都会被报刊采用啊……"我心里这样想。瞬间，一个念头蹦出来："咱们自己办一份报纸怎么样？这样，就会让更多喜爱写作的同学品尝到这种喜悦。"

教室里顿时沸腾起来，同学们激动得仿佛看到自己的作文已经发表了一样。

大家团团围拢，为确定报纸的名字争论得面红耳赤。

最后全班一致通过：四六班成立文学社，所有同学都是文学社成员。接着，他们选出了值得信赖的编委，成立了编委会。几易其名之后，最终确定了报纸的名字为《阳光少年报》。

我们的热情互相感染着，最后，在一片掌声中，我激动地说："祝贺四六班的阳光少年文学社成立！你们要发挥自己的潜力，打开自己的魔力盒。自己写稿、摄影、审稿、校对……"

学生们激动得挥动着拳头响应，像是在向所有人宣布，他们做了一件了不起的大事——自己办报纸。

我披衣起身，写下了几句话：同学们，祝贺你们！小小年纪，你们就能自己办报纸，真是不简单。期待在报纸上看见你们优美的文章和欢乐的笑脸！希望你们在办报的过程中不断提高各种能力！希望你们的报纸越办越好看！

学生们受到了鞭策和激励，一篇篇稿件发至文学社的邮箱。个别家里没有电脑的孩子拿着写好的作文找同学帮忙输入，有电脑的争抢着帮忙。一时间，全班都行动起来了。

可是，由于他们从没有接触过办报知识，有一大堆"陌生的困难"摆在面前。怎么办呢？美编们在设计和排版上有困难，就去请教学校的微机老师；有的请教有专长的家长，在饭桌上也与父母交换意见；还有的学生买了电脑书和软件自学，利用双休日到同学家设计、讨论版面。文字编辑们则分工协作，加班加点审稿、改稿。

学生们空前的热情超出了我的预想。

副主编李成元对他初上任之后所做的工作，一件件一桩桩都历历在目：

新官上任三把火，我们这些编委上任之后，热情高涨；放学后，聚在一起商量，晚上回家画草稿，第二天带着草稿征求顾问白老师的意见。我们在得到肯定之后，积极性更高、自信心更强了，决定双休日加班！星期六，社长刘然带着原稿来我家修改版面。星期日，去总编朱原禾家修改同学们的作文稿。

双休日一眨眼的工夫就过去了，可报纸的进展却只有一点点，于是，我、黄泽宇、刘然和张家耀将自己的课外班一脚"踢"掉，去黄泽宇他爸的公司里"加班"。每晚都做到七八点，我和刘然家比较远，回到家就九点多了，常常熬夜……我在心里默默地说："我们要用汗水和辛劳创造奇迹。"

孩子们的魔力盒真的打开了！

22. 我们的报纸诞生了!

清晰记得第一期《阳光少年报》印刷出来送到班里之后的情景：学生们里三层外三层地围着我，迫不及待地撕开包装向里窥探，眼巴巴地等着我拆封。

今天下午，我一进校门就发现王欣宇、程维祎、孔卓君抱着一个大包裹，他们说是《阳光少年报》！我听了非常高兴，来回地跑着给同学们宣布这个好消息，迫不及待地打开包装的小缝往里看……

程宝锋

朱钰莹同学的日记中描写了当时她和同桌的对话，从中可见同学们的心情。

"朱钰莹，告诉你个好消息：咱班的报纸印好了！"我一进教室，同桌就对我说。

"真的？你会不会是'黄志丕给朱钰莹拜年——没安什么好心吧？"

"啊？冤枉啊！冤枉！你狗咬吕洞宾，不识好人心啊。"

话音未落，只见白老师神神秘秘地走进教室，面带慈祥的微笑，说："同学们，你们自己办的报纸出版了！"

"YEAH！"我们大声欢呼起来。

看来这次我可真的冤枉黄志丕了！拿到报纸，我津津有味地读了起来……

李若漪同学则被报纸的内容深深吸引了，她在日记中这样写道：

看了每个组的照片和口号，感觉很振奋！又看了看同学们写的新年愿望，感动极了。因为，有的同学写的新年愿望是关心同学们和老师的，还有的一些是关心家人的。我还看了同学们的作文，曹徐扬写的《梦幻足球赛》、

我们的报纸诞生了！

孙依佳写的《当盲人的感觉真不易》和韩旭写的《一次心理战争》等，写得棒极了，我真为他们高兴。

时任校长的郑明珠看了学生给她送去的《阳光少年报》，欣喜地肯定了学生的能力，并决定第二期报纸的印刷费由学校解决。她还给报纸写了寄语：

愿《阳光少年报》成为开阔视野、陶冶情操、提高学生综合能力和审美情趣的平台，成为展示我校师生健康向上精神风貌的重要阵地。

学校的支持令学生们更受鼓舞，大家都表示要再接再厉，办好每一期报纸。

为了增加孩子们的办报知识，我决定带他们拜访《大河报》的阚则思老师，她是中小学生作文版的高级编辑，多年来一直被孩子们亲切地称为兰姐姐。以前，他们曾多次在报纸上见过兰姐姐披着长发的头像，读到过她优美的文字。

我带着小编委们来到河南报业大厦六楼的作文工作室，兰姐姐微笑着把孩子们迎进办公室，对同学们赠送的报纸仔细观看，连连夸奖："小小年纪就办出这么好看的报纸，你们真是了不起！你们是郑州市，也是河南省小学生办报的典型呢。"她从专业的角度，给孩子们讲了难忘的一课，她的指导使学生们深受启发。最后，兰姐姐还高兴地和小编辑们合影，给报纸题词，鼓励文学社的同学们"从小学做小记者，长大成为大作家"。

我收到的第一张名片

程维祎

我们班自己办的报纸《阳光少年报》第一期终于新鲜出炉了，看着这张精美的报纸，同学们都激动不已，骄傲的心情油然而生。为了使我们的报纸办得更好、更专业、更精彩，我们代表同学们来到了《大河报》，请求专家指导。

来到《大河报》中小学生作文工作室，我们怀着激动的心情见到了兰姐姐。兰姐姐是作文工作室的主任，她高挑的身材、长长的头发、一双水汪汪的大眼睛，非常和蔼可亲。随后，她给我们每一个人都递上了一张她的名片。这是我长到十岁以来收到的第一张名片，我把它小心翼翼地收放好。

《大河报》阚则思老师题词"从小学做小记者，长大成为大作家"

兰姐姐看过我们的报纸后，对《阳光少年报》给予了肯定和赞扬。最后，她还给我们提了一些意见和期望，比如：首先，应该在第一版要闻简讯上设一个头条，把最有价值的新闻放上去；其次，在每一篇作文上都配上个小图案或插入一些同学们自己画的图画，来增加趣味感。"兰姐姐，您能给我们的报纸题词吗？""好啊！"兰姐姐欣然应允，稍作思索之后，提笔写下一句话，我看了感觉很振奋："从小学做小记者，长大成为大作家。"

这一次的报社之旅，让我们认识到了自己的不足之处，也为我们第二期的报纸出版积累了经验，同学们的收获都很大。

2007年1月17日，《大河报》小记者版以"哇，我们班的报纸诞生啦！"为题，大篇幅地报道了《阳光少年报》的创办经历，产生了很好的反响。看着学生们更大的写作劲头和更足的工作热情，我不禁为他们这个写作交流的平台而高兴，也为给他们那幼小的心田播下了一颗热爱文学的种子而高兴。

在2007年春节时，我遇到了中宣部新闻出版局的副局长刘建生叔叔，我向他介绍了我班创办《阳光少年报》的经过，并向他赠送了这份报纸。他看了各版面的内容后，对我们小小年纪取得的成绩给予了肯定和鼓励。我请他为我们的报纸题词，他欣然提笔写下："祝阳光少年永远阳光。"

副主编张家耀带来的这份礼物更令同学们受到鼓舞。此后，时任《小学生选刊》的执行主编陶丽也给《阳光少年报》题词"恰同学少年"，邀请小记者们去作客、采访……多方的鼓励变成了大家更大的办报动力。

23. 奇观，街头叫卖的报童

为了锻炼学生的胆量，提高与人交流时的语言表达力，第二期报纸出版后，我又向学生提议：在校园里推广自己的报纸——卖报。孩子们在我的鼓动下，个个摩拳擦掌、跃跃欲试。

下午放学后，各小组领取了报纸。有的学生在校园里叫卖："卖报！卖报！四六班同学自己办的《阳光少年报》！内容丰富，图文并茂！"有的学生在走廊里挨班推销，有的同学甚至到老师的办公室去宣传，有的在校门口给前来接孩子的家长推荐。

有个小组卖得最多，学生们兵分两路到附近的商场和超市门口宣传报纸，一些家长和顾客对他们的行为大为赞赏，买了报纸浏览过后还对他们进行了"采访"：学校、班级怎么办的报纸，还要求留下老师的电话。他们第二天到校后见了我，兴奋地说："被采访感觉——太爽了！"

写作来源于生活，很多孩子之所以怕写作文，是因为没有生活来源或者对身边发生的事熟视无睹；而他们对于自己感兴趣和热情投入的事，却写得尤为生动和吸引人。这次，他们写的卖报的体验就是如此。

"号外，号外！四六班同学自编自排的《阳光少年报》火爆热销！走过路过，不要错过！"

我拿着报纸一边叫卖，一边给路人宣传。

"阿姨，这份报纸一元钱。它可不是普通的报纸，它是我们自己写稿、自己编排的，是四年级小学生创办的呀！""是吗？真了不起！"阿姨赞叹道，"买一份。"握着这一元钱，我的信心更足了。"这位同学，来看看这份报纸，你看，这是咱们校长和我们一起读作文，这是《大河报》兰姐姐给这份报纸的题词，作文可读性强……""来一份。"嘿！我们的报纸还真热销！这时，过来了一位叔叔，我又拿着报纸赶忙跑过去。

"叔叔，您孩子多大了，几年级？他认为写作有乐趣吗？""10岁了，写个作文难死了。""叔叔，您不要愁，这份报纸里的作文刚好是和他同龄的同学写的，您可以让他读读看看，您看这是我的文章。"叔叔说："太好了，快给我来一份。"

一份又一份《阳光少年报》从我的手中传递出去。咦？我怎么变得能说会道了？变得胆大了？

卖报，卖报，请来欣赏欣赏《阳光少年报》，它能让您从中受益，从中找到乐趣。

李怡雯

卖报

下午来到学校，我先想了几种推销报纸的方法，然后就兴冲冲地和姜子元一起到校门口卖报纸了。

走着走着，就发现一个叔叔带着一个小孩走过来，但我没有勇气叫住他们。后来，好容易看到一个阿姨有意要买，可大家一起围了上去，争相推销；但我没敢去，又失去了一次卖出报纸的良机。

于是，我又跑到另一边，可还是因为不敢上前，而只是远远地轻声喊一句"叔叔"或"阿姨"，没有引起他们的注意，以至于半天都没有卖出一份报纸，只好垂头丧气地走回教室。

通过这件事，我终于体会到白老师给我们布置这项任务的良苦用心，明白了"说着容易，做着难"的道理。再好的报纸，没有足够的自信和勇气，没有良好的推销方法，最终也是卖不出去的呀。

邹文璨

刚开始，我想大叫："谁买我们四六班自己办的报纸呀！"我想了想，觉得叫不出口，就不叫了。这时，一个阿姨走过来，我迎上去说："阿姨，这是我们四六班自己办的报纸……"没等我说完，她就说："我昨天下午已经买了。"

　　"啊！昨天下午就有同学卖报纸了？真是先下手为强呀！"

　　我一抬头，又看到了一个阿姨，心想再试试吧。于是，我又走过去说："阿姨，您的儿子在这里上学吗？"

　　"是呀。"阿姨说。

　　"那太巧了！我也在这儿上学，是四六班的。您看，这是我们自己办的报纸。有美丽的校园图片，有每个同学喜欢的名人名言，有特别新闻，还有课上课下的作文、诗歌……看，这一篇就是我的作文呢。"我高兴地说。

　　"真的？可是，我没有零钱呀。"阿姨失望地说。

　　"那好吧，再见。"我也很失望。

　　"别急，我再找找看。"阿姨连忙说。

　　"找到了一元。"阿姨高兴地说。

　　"那好，谢谢阿姨，再见！"我兴奋极了。

曹徐扬

　　家长们不但感觉新鲜，更觉惊喜。他们纷纷打电话、发短信，感谢老师这种发散性的教育培养方式，为孩子在丰富课余生活的同时锻炼了能力而高兴。张潭心的妈妈在电话中说："孩子原来见了生人根本不爱说话，这次她却向陌生人卖出了十一份报纸！这个活动太好了，谢谢老师。"不少家长称，这是孩子们平时花钱也买不来的生活体验，是跟着家长学不到的。

父母感言

　　通过卖报纸这个实践活动，我们认为孩子得到了以下几点收获：

1. 积极参加集体活动，增加了集体荣誉感；
2. 体验到了劳动的快乐；
3. 小组结合互相帮助，加深了同学之间的亲密关系；
4. 通过卖报纸的艰辛，知道了挣钱不容易，心里有了节约的想法；
5. 通过与社会的接触，锻炼了胆量和胆识，也算积累了点滴的社会经验。

总之，不论是参与到办报纸还是卖报纸的活动当中，孩子们都在体验不同的人生经历，对他们来说是受益无穷的，这就是最大的收获。

赵思媛家长

看了孩子的卖报体验，心中有无限的感慨！现在的孩子是长在温室中的花朵，缺少生活的历练，也缺少对社会的接触和了解。班级安排这样的活动是对孩子最好的锻炼，这个做法好极了，希望今后继续有机会让孩子锻炼，我们做家长的绝对支持！

姜子元家长　姜丽华

一次有益的活动不仅让孩子有了新的生活体验，更给了孩子锻炼自己的机会，同时也让父母知道了孩子的潜力是很大的，他们都很棒！

段琮瑶妈妈

通过这次卖报体验，我感觉到李雪的变化很大，以前她很少同陌生人说话，这次却能主动交流，让我感觉很欣喜。这说明孩子还是有这个能力的，只是平时锻炼少、缺乏信心。这次有意义的活动重树了孩子的信心，增强了她的成就感，并使她从中获得了快乐。我希望这种活动多举办一些，让孩子有更多方面的锻炼。

李雪妈妈　何静

家长对孩子参加社会实践活动提高了思想认识，就会在今后注意培养。他们利用双休日和假期，给孩子创设各种锻炼的机会。比如，康雯昕和薛钰钫的家长在暑假让孩子上街卖一天报纸；郑立晨在夏天的夜晚，把自己的旧书摊摆在院子里的楼下，让乘凉的小朋友借阅或购买；侯一飞和侯一晨的妈妈在带他们去旅游的路上，让他们自己管理钱物；李怡雯的妈妈带她到医院看望从汶川灾区来治病的小朋友；宋晗的家长带他到公司体验工人工作的辛苦……

有了家庭和学校的互动和配合，班里孩子的能力越来越强。学校开展的各项活动，都有《阳光少年报》记者摄影、采访的身影；学校的水龙头上面，有我们班学生制作的标语广告；六年级的时候，班里还成立了以张家耀为董事长的"巨软公司"，免费给老师们维修电脑。

虽然孩子们同样地参与了班级的各项活动，但效果还是有区别的。有些孩子仍不够胆大，不够自信，不够从容。针对这部分孩子，家长和老师还应该在今后多多给予鼓励，多给他们提供锻炼的机会。

总之，家长们不要怕把孩子放入社会的熔炉中，只有大胆地将他们投进去，他们的翅膀才能真正硬起来，小小的雏鹰才能更快地学会飞翔！

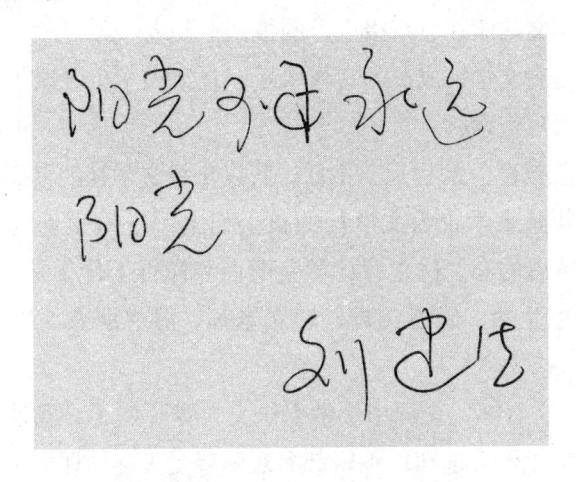

中宣部新闻出版局刘建生副局长题词

24. 阳光少年成了小作家

阳光少年文学社成立以来，出版了四期报纸，刊载了百余篇我班学生的作文、诗歌、班级活动的照片和学校、班级的新闻稿。有些作文被《小学生作文选刊》、《作文指导报》等刊物转载。学生的习作水平不断提高，又有十多名学生的作文陆续在省市级以上的报刊上发表。

为了整体提高文学社成员的写作水平，我组织学生开展了各种各样的活动，给他们提供写作素材。

通过"春苗教育"的程冠三主任，我以班级文学社的名义邀请到著名的儿童文学作家滕婧来学校为文学社的孩子们上了一堂生动、精彩的感恩课——常怀一颗感恩的心。这堂课让学生明白和懂得了什么是"感恩"，要以怎样的心态感恩生命、感恩父母、感恩老师、感恩朋友、感恩自然、感恩自己。

2007年，"文心杯"全国中小学生作文大赛开始了，我带领小编辑和小记者前往《小学生作文选刊》编辑部参观和感受大赛的评审工作流程，对正在全神贯注审阅来稿的评委们进行了采访，并就小学生关心的文章好坏的标准等问题，聆听了评委老师的教导。

文学社突出的成绩受到了家长、学校领导和师生们的肯定，也产生了很好的社会反响。

2007年九月，《小学生作文选刊》"心灵沟通"栏目为我们做了"小小编辑七嘴八舌话办报"的专题报道，用五页的篇幅，让老师、家长和小编辑们分别回顾了我们的办报经历，发表了感想。

《金色少年》杂志社的编辑们看了孩子们的报纸之后，请我们的小编辑做客该杂志的编辑部，与小编委们畅谈《阳光少年报》的成长历程，并以孩子们办报的经历为背景做了专题"什么是长大"。

《大河报》也在小记者版发表了题为《阳光少年成了小作家》的报道，介绍了孩子们办报过程中的收获。

2008年元旦佳节刚过，阳光少年文学社又迎来了一个喜讯：经郑州市作家协会批准，文学社成为了郑州市作家协会第一个小作家培训基地。

听到这个令人振奋的好消息之后,同学们的劲头更足了。

"放学以后开编委会,大家不要迟到啊。"放学铃声刚响,社长召集开会的声音传到了每一位编辑的耳朵里。其他同学下楼后,他们一二十个人围坐在教室里开会。

看着他们有模有样地发言、讨论、争议、达成共识……我不禁想起文学社成立之初,第一次开编委会时的情形:会上,他们一个个无知而好奇地问我:"老师,总编是干什么的?""是啊,老师,社长都管啥事儿啊?""白老师,社长和总编谁的官儿最大?"每个人脸上都充满了好奇和迷茫。

可现在呢?总编负责报纸的总进度;各版的执行编辑统筹版块内容;各版块的文字编辑负责组织稿源;再看美编,找插图、学摄影,忙得不亦乐乎;同学们则写好稿件投向文学社的邮箱。遇到全校性的大型活动,小记者们胸前挂着相机,摄影、采访……真可谓各司其职、各负其责,一切都有条不紊。

想当初,他们说最大的官儿让白老师当。我说:"那可不行,你们自己办报纸,所有事情都要由你们当家做主。我只当顾问,听取你们的汇报、感受你们的进步、分享你们的成果,还有——帮助你们解决困难。"我说,"你们记住,大胆做,勤汇报;有困难,来找我。"

我这样说,是要让他们工作起来零负担。这样,他们才能放开手脚大胆去工作。因为办报纸对四年级的学生来说是陌生的,老师的肯定和支持是他们办成、办好报纸的动力,也是遇到困难时勇气的来源。

从女儿身上看到的一些东西,也使我的想法更深入了一层。当我看到女儿在一群人的注视下从容自如地采访杨澜时,当我看到她在电视台演播厅的镁光灯照射下与陈伟鸿面对面侃侃而谈时,当我看到她采写的文章一篇篇发表时,我总会不由自主地想到我的学生:给他们创造成长的机会,他们也会最大限度地发挥能量。

为了让他们多些经历、多些体验,我带领他们组织和开展了各种活动,在课堂教学上变换了多种模式;课上课下、校里校外,想办法丰富学生的生活,使他们下笔写出鲜活的文章,演绎他们七彩的童年生活,不断提高各种能力和综合素质。

采访、写稿、改稿、发表……他们对周围的事物更加关注了,对写作的积极性也提高了。几年来,我从这些小记者身上似乎看到了职业记者的敏感度和责任感；几年来，随着学生们的近百篇文章在全国及省市报刊上陆续发表，六班的小记者群壮大发展起来。

现在，这群孩子已经毕业，但是《阳光少年报》这一品牌为母校增添了光彩。我希望这群孩子永远阳光，愿这群小作家茁壮成长。

下面是发表在《阳光少年报》和《大河报》上的两篇小记者写的通讯报道：

记者叔叔到我班
穆丽冰

"白天鹅是我们人类的好朋友，每年十一月到第二年三月，它们都会飞到黄河湿地产卵……"同学们都睁大了眼睛，聚精会神地听着。只见记者叔叔拿出手提电脑，屏幕上立即出现了在碧波荡漾的水面上自由飞翔、戏水、觅食的洁白如雪的天鹅。"天鹅真美啊！"同学们都在惊叹。就在这时，电脑屏幕上却突然出现了一对血淋淋的天鹅翅膀，同学们都惊愕了。记者叔叔向我们解释："那是一些人为了解馋……"还没等记者叔叔讲完，我们就不忍心地嚷嚷开了："他们为什么要残害天鹅！""太过分了！"不少同学的眼睛里都噙满了泪花，表示要当天鹅的守护神。"我真想去抚摸那些受伤的白天鹅！"记者叔叔笑着说："现在全球都在招募保护天鹅的志愿者……"没等记者叔叔说完，同学们都齐刷刷地把手举起来喊道："我可以当天鹅的守护者吗？""不可以，你们还不符合条件。"我们听了有些失望。

"要不，我们画一幅白天鹅的画吧，再写上咱们的愿望。"这个提议得到了一致赞同。"好哇！让记者叔叔替我们送给志愿者。"

班里立即沸腾了！画完了、写完了，大家怀着激动的心情把画交给了记者叔叔并千叮咛、万嘱咐："一定要交给志愿者叔叔和阿姨呀！"

"泥腿子"校长访我校
徐杨　朱原禾

在暑假之际，纬五路一小迎来了洛阳市宜阳县石陵乡的客人——"泥腿子"校长们。

他们来到这里是为了表达他们的感激之情。原来今年三月份，纬五路一小的同学们纷纷献出自己的压岁钱来支持乡村的贫困学生，其中的一部分就捐给了那里的小学校。

刚一落座，他们就表明心意："我们来的主要目的是感谢、交流和学习。希望纬五路一小的老师在适当的时候，到我们农村体验生活，为我们提供优质的教学资源支持。"

在交谈中，我们了解到乡里孩子接受教育的环境和条件都很差。他们一个乡只有两名计算机老师，一所学校只有一台电脑。教师们不但要教好学，在工作之余还要帮家里干农活。虽然条件艰苦，但师生们都乐观积极、向上进取。今年中招，他们乡初中有56名优秀的毕业生考到了县里最好的高中——宜阳一中。《河南日报》的记者称赞说："他们是出色的'泥腿子'校长！"

我们纬五路一小的校长边点头边说道："希望我们双方优势互补、共同努力，我相信你们的教学水平一定会有大幅度的提高。"

"谢谢！谢谢！有了贵校的资助和支持，通过我们的努力，我们石陵乡的教学质量一定会有更大的提高！""泥腿子"校长们饱含深情地说。

在这次采访中，我们还请《大河报》的高级摄影师为我们文学社主办的《阳光少年报》提了建议，记者叔叔首先对我们的报纸给予了高度评价，接着对我提出了希望。

另一位《河南商报》的记者阿姨这样评价我们的报纸：一个字"好"！两个字"完美"！三个字"非常好"！四个字"天衣无缝"！同时还希望我们写出有个性的采访稿。最后，她说："这样你们的报纸才叫完美无缺！"

今天的采访，不仅仅双方学校的收获大，我们的收获也不小。不仅了解了农村孩子的学习状况，还从他们努力学习的事例中深受启发。

（此文发表于2007年7月28日《大河报》小记者版）

25. 善"赶"的鸭子易"上架"

俗话说"赶鸭子上架"，细品起来，这句话挺有味道。当然，不是鸭肉的味道。

我总是三句话不离本行，生活中遇到任何事总能和我的学生们联系起来，并从学生的事联想到女儿：白雪在什么时候也遇到过类似的情况，当时我进行过怎样的引导，起到了什么效果。比如有一次，著名作家曹文轩教授来郑州讲学，我鼓励学生克服羞怯去采访曹教授的事就是这样。

后来，我总结出一个道理。那就是，善"赶"的鸭子易"上架"。

我得知曹教授在三十四中礼堂讲课的消息是当天上午8：40，第一节课的下课铃已经打过。我马上联系丁保先老师，此次活动她是发起者之一。她在指导学生阅读和写作方面有着独到的高招，她以曹文轩教授的唯美小说作为学生的阅读范本已有数年，取得了很好的效果。

丁老师说讲课九点钟正式开始，现在并不晚。于是我赶快"抓"了几个笔头快的小记者一起赶过去。

巧极了！刚到教学楼前，就见曹文轩教授一行走过来。因为2006年夏天参加"金色少年华语小作家作文大赛"时我听过曹教授的演讲，所以一下就认出他来。

我不假思索地对我几个学生说："看到了吗？曹文轩教授过来了，你们快上前采访他！"

几个人顺着我的指引看过去，确认之后十分激动，却不好意思上前，都在等候别人先行一步。

我一下想到了十年前发生在我女儿身上的一件事。那天逛街时我们遇到了一位外籍女士。白雪当时上初中，她很想上前交谈以锻炼口语，可又因害羞而不自信，迟疑着迈不出脚步。我给她打气说："这是一次多么好的机会，也是对你勇气和自信心的挑战，不要怕自己会说错。相信你一定能战胜自我！"在我的鼓励和"驱赶"下，她这只"鸭子"上了"架"，终于走上前去与外国女士交谈起来。事后，白雪写了一篇文章《一次尴尬的对话》来反思这段经历，并从中明白了应该怎样抓住机遇、积极进取、锻炼能力、展示自我。几年后，她能用外语从容地采访杨澜、陈伟鸿等各路名人，与这次锻炼不无关系。

想到这儿，我鼓励说："李怡雯、李成元，你们两个快上前去呀，两年前在北京的颁奖会上你们还和曹教授一起留了影呢。"

其他同学听了之后既惊讶又羡慕，七嘴八舌地鼓动他俩。就在他们还不好意思的时候，曹教授已从我们跟前走过，他们都很遗憾，同时也因没有完成我的任务而感到后悔和不安。

我说："刚才是多好的机会呀，还能给咱的《阳光少年报》写篇好新闻呢。现在呢，可能没有机会了。"

大楼前，最后一批学生正排队进入会场。我想再争取一个机会，对他们说："走，追上去再努力一下，不然今后一定会遗憾。"

学生们这下动作快了，他们跑步向前，在礼堂门口追上了曹教授一行。

"曹教授您好！"李怡雯的声音让曹老师把脚步停了下来。其余的孩子也快步跟上向他打起招呼："曹教授，我们是第二次见面呢，两年前我去北京参加……"

曹教授回头，脸上的表情有些吃惊：在这里遇上两个小学生"熟人"。

小记者与曹文轩教授

"好好好，欢迎你们来（这里）。"

因为演讲马上要开始，我们就进场了，采访并没有真正开始。不过，他们找到了小记者的感觉。在演讲的过程中，他们认真听、认真记笔记，还在讲课结束后曹文轩签名售书时，拿着相机捕捉精彩的镜头。

走在回校的路上，学生们感慨不虚此行，没有留下遗憾。我对他们说："你们是一群被我赶上架的鸭子。"他们都笑了。第二天，他们写的新闻稿件《聆听曹文轩教授的讲座》发表在《大河报》小记者版。

北大教授曹文轩光临郑州

李成元

2008年4月29日星期二上午9点30分，著名作家曹文轩老师在郑州市三十四中举行了一场别开生面的大型讲座。我与同班的几个同学共赴会场。

我们到达时，能容纳一千人的会场已经座无虚席，但还有人不断地往会场里进。会场的上方挂着"热烈欢迎曹文轩老师"的条幅。到了9点20分，所有人都已到齐，曹文轩老师也登上了讲台。9点30分，讲座开始。

首先由校方领导发言，接着是《小学生作文选刊》的总编发言。最后，由曹文轩教授开始演讲。这次演讲曹文轩教授总共围绕四句话来讲："财富不在远方，财富就在我们脚下"、"这个世界是留给有心人的"、"因为我们是人，所以我们需要两个世界"和"一本好书就像一轮太阳"。曹教授的演讲可以说是精彩绝伦。他每说一句话，都会讲一个故事，让我们对这四句话更加深理解。最后，曹教授还介绍了他的一本新书，名叫《大王书》。曹老师还讲了《大王书》中的一个故事，听得大家如痴如醉。

讲座结束，大家争先恐后地去买曹文轩老师的新书，让曹老师在书上签名。曹老师的这场讲座开了40分钟，到场人数有一千人左右。

26. 博客圈和圈子以外

五年级刚开学，学生们把暑假里写的作文订成册交给我，五篇八篇数目不等。

也许是两个月没见，也许是暑假生活丰富多彩，我感觉他们的写作水平又提高了。怎样让更多的孩子在最短的时间内分享暑期生活的乐趣，交流写作的乐趣呢？我提议学生们利用"校讯通"这个平台——开通自己的博客，建立我们班级自己的博客圈。

没等我的话音落地，学生的欢呼声就穿透教室、响彻教学楼了。相互间示意的眼神，怎么形容呢，兴奋的眼神简直就是在"飞"！

我一下子就明白了：原来，他们可以以此向家长要求上网了。

等他们意识过来自己的"失态"之后，我的主意已经下定了。

"这节语文课，我们开辩论会。辩论的主题是：小学生该不该玩电脑。"

"该！该！""不该！不该！""可以玩，但不能上瘾！"

我举手做了暂停的手势，教室里很快安静下来。

"按照辩论会的要求，现在按正、反方分组吧，谁来主持？"

很快，正、反双方的一、二、三辩确定了，各方还有力量雄厚的补充辩手。

辩论会现场可谓群情鼎沸，双方剑拔弩张、唇枪舌剑。"硝烟"渐渐散去之后，答案明确了：网络是帮助我们了解世界和学习的工具。我们应该正确利用它，一些工具软件和游戏虽然可以方便联络、增进友情，但不能沉溺其中。

看到他们通过辩论后知道应该如何利用网络，我很高兴，又给他们提了几点具体的要求，并强调说："每次上网的时间，和家长要有约定。如果家里没有电脑，不能以此为由向家长提要求购买。老师也会给家长发短信说明。因特殊情况作文发不上去的，还交作文本就可以了。"

很快，我们的博客圈按计划建起来了。一时间，大家相互见面的问候语都充满了一股"薄荷味儿"（博客味儿）：

"乔千河，你又坐我的沙发了，谢谢点评啊。"

"你昨晚看洪伊晨的博客了吗？她给主页换肤了，非常好看。"

"老张，我的博客数量终于盖过你了，不容易啊。"

"喂！王灿！我的博文数可是又追过你了一篇呢！"

"那又怎么样？我的点击量仍然遥遥领先！"

我抓住这个契机，鼓励学生们多写、多看、多评博客。形成互动之后，学生的写作积极性很高。比如，汶川地震发生之际，我们的语文课正好该学《大江保卫战》这篇课文。上午学完课文，中午回家就有几个学生将根据课文改写的《汶川保卫战》发上了博客。

与此同时，我开通了自己的博客，有些热心的家长也加入了圈子。如此一来，班级形成了师生互动、家校互动的势头。有家长说，哪怕是为了给孩子做榜样，也要把自己的一亩三分地"种"好。

我经常到圈子里看学生的博文，看过之后给予针对性的点评和鼓励。有时，我还会有选择、有针对性地把学生的博文情况发信息和家长通报，这样，学生写作的积极性就更高了。至毕业的两年时间里，全班学生的日志数突破了六千篇，并连续两年荣获第二届、第三届"校讯通"的"书香班级"称号。

班级的博客圈成了学生的习作乐园，里面反映了孩子们校内校外丰富多彩的生活，使孩子们养成了及时记录生活的好习惯；同时，也增进了师生和家长之间的沟通和交流。不少家长反映说，孩子写作的积极性明显提高了，文笔越来越流畅，内容也越来越有看头了。

高兴之余，我又开辟了另一种修改作文的途径——利用邮箱、"校讯通"发短信对学生的作文进行个性化的点评。这下，学生的写作兴趣更浓了。一篇篇高质量的作文纷至沓来。多个学生的作文在《东方今报》、《大河报》、《河南商报》、《金色少年》、《小学生作文选刊》、《郑州日报》等报刊陆续发表。

从下面这些短信中可以看出，老师对学生的作文指导不仅仅在作文课堂上……

同学们好！咱班的《阳光少年报》第二期正在组稿呢，希望你积极投稿喔！栏目有：校园作文（反映多彩的校园生活），好书读后感，小脚丫走天下（旅游作文），别样体验（你对某事的独特感受和体会）以及照片、美术作品等。总之，希望大家踊跃参与，争取使你的文章在报纸上发表！

同学们好！你们的假期作文写了吗？有些同学写的我已经在圈子里见到了。几天来，我把咱们互换角色和教师节的事，各写了两千多字的文章发到了我的博客，欢迎大家去看一看，你们也要把自己的作文高质量地完成喔！

姜子旎你好！刚刚看了你的博客，我觉得，《这讨厌的饺子》是一篇很好的习作，是一篇投入了情感的文章，这就是生活本身给你提供的素材。感谢这次包饺子吧，感谢你的爸爸给你的帮助。

李成元你好！你发来的11篇作文我一口气读完了，很高兴在这个假期里你的作文水平又有了很大的提高，尤其是那篇《书——我真想嫁给你》。在文中，你用了一种新的作文结构，而且用得娴熟、恰当，把你的爱书之情在字里行间表露无疑。另外，在其他的文章里，老师看出你学会思考了！真为你高兴啊！

李怡雯你好！看了你的《返校日＆同学转学》，这应该是你的校园小说"阿呆系列"的第一篇吧？很兴奋啊，语言太鲜活了，情节太吸引人了，人物对话太精彩了！比《校园里的小黄蓉》还出色。等待你接着写啊！

王梦宇你好！看到你发给我的作文了，觉得很有新意，基本上写出了作为女生看待"男人节"的真实心理。但我觉得说服力还不够强，意思表达得还不算十分清楚。（除美国外还有别的国家有"男人节"吗？）请你再次修改一下，冲着发表的要求努力！我知道，你一定行！

徐杨你好！你的文章已看。"期末考试刚结束，大家都沉浸在放假的喜悦中，而我却埋头在家做奥数题，盼星星、盼月亮地等待着考试的来临。"刚考完试，怎么还要考呢？是你在校外报的精英班吧？但是读者不明白呀。还有"……一个月后，我获奖了"。你获得的是什么奖？另外，你"盼星星、盼月亮"地等待着考试的来临，说明你对考试十分期待，为什么这么期待呢？再认真改改吧。

徐杨：修改后的文章比起原来清楚多了，但有些地方还是要表述得更符合文理一些。没关系，继续改！文章不在篇数多，修改后有提高最重要。再像老舍先生说的那样改改吧：读出声音来修改文章。注意文章的跳跃性不能太大。

同学们好！张金鹏的文章《为灾区小朋友献爱心》在今天的《大河报》C8版发表了！请你们在假期中关注每周一《大河报》的"中小学生作文"版和星期三的"小记者"版。经常读读上面的文章，这样做，不但能提高你们的作文水平，而且能锻炼你们对新闻的敏感性。同时，也希望你们认真写好假期的文章、积极向报刊投稿。

27. 最浪漫的教师节

早晨 7 点钟，我站在客厅的窗户旁边往学校的操场上看。下雨了，蒙蒙细雨。

我住的是学校的教师家属楼，从这里能看到操场的全貌：塑胶操场上有了细雨的润泽显得亮亮的，不平的几处已有浅浅的积水。不少学生已经来了，有的打伞、有的穿雨衣，更多的没带雨具。

此刻，我心里藏着甜蜜、带着好奇，更多的则是担心。我担心班里的七十九个学生，会怎样完成他们的秘密计划。面对今天这个"天不遂人意"的阴雨天气，不知道他们有没有"紧急预案"。

可我，却不能到现场给予指导，只能躲在这里远远地看。因为这一切他们都是瞒着我这个班主任的。

昨天晚上，我接到一个家长的"告密"电话："您班里的孩子们明天要在操场上用 79 支蜡烛摆成一个心形，在里面写上'老师，您辛苦了！'几个大字，代表他们每一个人对您的节日祝福。"我一听，这可不行！在操场上摆蜡烛？这动静太大了！马上予以否定。但家长说："孩子们已经找了校长，校长也同意他们的方案。您就权当不知道好了。我本来不该告诉您，但我忍不住还是拨了您的电话，因为我为他们的爱心而感动，更为他们组织的严密和周详而吃惊。"

说实话，从一年级接这个班到现在升入六年级，我和他们已经相处了五年多，早已把他们当做我的孩子，彼此间感情深厚。明年他们就毕业了，我理解他们想利用明天的教师节搞活动的心情。但是，在操场上用点燃的蜡烛摆个大大的"心"，这未免有点太张扬了吧？全校有将近三千八百名师生啊，当他们看到六六班搞的这个名堂，心里会怎么想呢？更何况，这和我的性格也太不符合了：每个教师节前我都会对他们说："大家听好课，写好作业，做好值日……这些就是给老师最好的礼物，如果大家天天做到这些，白老师就天天都在过节。"没想到，今年他们会想出这样"出格"的点子！真不知明天会闹出什么样轰动的效果。更让我不解的是，他们竟会瞒着我越级找到校长，而校长居然还同意了！

家长说："老师，事已至此，您就别想办法阻止他们了。刚才孩子一再让我答应替他们保密才告诉我的。我都为他们对您的这份心意感动呢！您就静静地等待和享受吧。"

整个晚上我都在琢磨，今天白天我没有发现班级有任何异常啊？没见他们开班委会，也没见开全班同学会呀？按说，牵涉到全班每一个学生这么大的事我不该不知道啊？如此周详的行动方案，怎么我这个班主任竟然一无所知呢？这到底是谁的创意？刘然、尹瑞卿、还是李怡雯？具体又会是谁主持实施？王欣宇、徐杨、还是张家耀？最后，我决定要目睹整个事件的过程，把这一幕看在眼睛里，留在记忆中。

于是，我早早起床，一切准备停当。七点钟就站在窗边往操场上看了。

可是现在，操场上和任何一个早晨一样，有的只是在毛毛细雨中陆续进校、开心玩耍的孩子们，根本没有我们班学生的影子。

一分钟一分钟地过去了，直到7点半，我没有看到操场上有我们班学生的任何动静！莫非？我顾不得多想，赶快下楼、进校。

一进校门就看见楼梯口有几个学生，刘然、徐杨、李怡雯、王欣宇，他们凑在一起，看见我，有两个人转身跑回了教室。

我要上楼，而刘然拦住了我，拿出语文书让我给他补课，他说前几天他生病，有一个问题他现在不明白。这怎么可能？作为班长、好学生，我不补课他也不会因为生病而耽误功课的。更何况他病好之后我又在课堂上复习了所学的重点。哼，刘然啊，你把你们的白老师当小孩子哄了！

好吧，我索性"将哄就哄"，一边心里笑一边给他讲。可你看他，分明眼睛在书上，耳朵在教室。嘴上嗯啊嗯啊地答应着，头却不时往教室门口瞄。

李怡雯出来了，刘然马上收书："老师我懂了！"李怡雯拿出一个长布条，笑着说同学们要给我个惊喜。我乖乖地配合着他们，让他们蒙上我的眼睛，牵着我的手往前走。

听见歌声了，轻轻的、柔柔的，充满着深情，是《同一首歌》。

歌声越来越清晰，我的心顿时湿润了。

他们提醒我抬脚，进门。

到教室了，孩子们帮我摘下蒙眼的布条后，一下子都跑回了座位。

我被眼前的画面惊呆了：孩子们全到了，一个不差。每人手里捧着一支点燃的红蜡烛！

"……同样的感受给了我们同样的渴望，同样的欢乐给了我们同一首歌……"孩子们虔诚地托着蜡烛，小脸被映得红红的，眼睛比烛光还明亮。我的眼里蓄满了泪水……

歌声停了，王欣宇来到我的面前："老师，今天是您的节日，我们想对您说一声——"

"老师，您辛苦啦！"全班同学齐声说道。

"白老师，您带了我们六个年头，把我们从一点事理不懂的小娃娃，教育成今天的好少年；我们在您的教导下，从一年级学拼音时的咿咿呀呀到今天写作文时的洋洋洒洒。老师，我们对您的感激……"

眼前的烛光变得模糊不清，我强忍着不去眨眼，但最后，眼泪还是当着孩子们的面簌簌落下。

王欣宇说完了，李怡雯拿一个礼物袋向我走来。她说："老师，这是大家送给您的礼物，"她从袋里往外掏着，"这是一件T恤衫，上面有我们全班同学的亲笔签名。"说着双手捧给我。

我接过，展开。白色的T恤上有深深浅浅的水彩笔签名。我示意他们回到座位上，接着向大家深深地鞠躬："同学们，这是我度过的最浪漫、最温馨的教师节！这件衣服是我所有衣服里面图案最美丽的一件！我今天很幸福，因为你们懂得爱，更让我看到了你们懂得表达爱——用这种最美丽的方式！孩子们，感谢你们！"

"白老师，祝您节日快乐！"全班同学的声音再次响起。与此同时，站起来的一些同学把手里的蜡烛高高举起。我看清了，正是一个心形！

"孩子们，你们的表演太完美了！能不能告诉我这是谁的创意？谁是导演？你们什么时候排练的？怎么会如此天衣无缝？"

"这是我们的秘密！我们不能告诉你！"

我环视他们，他们很有成就地看着我，笑得一脸阳光。

"好吧，也许以后我会知道；也许，我永远也不会知道。但是，此时此刻，我是一个最最幸福的老师！"

接下来，我们一起吹灭了蜡烛，开始上课。

注：

这届学生我教了六年。在他们毕业前的最后一个老师节，他们背着我创意策划，为我演绎了一个浪漫、令人心醉的老师节。每次回忆起来，都让我沉浸在幸福和甜蜜之中……

28. 老师，再见！孩子们，再见！

进入五月，毕业的气氛一天浓厚过一天。

学生们明显表现出对校园的爱恋。他们课后围在校园高大的白杨树下聊天；徜徉在花廊里散步；细心地擦掉教室窗台上的每一粒灰尘；从家里拿来一个个小塑料盆，耐心地浇灌花园里的每一棵树、每一朵花。

他们更珍惜六年间的师生情、同窗谊。下课后，黑板擦被他们竞相争抢，一个个轮流着把黑板擦拭一遍又一遍。门后的垃圾筐只要有一点儿垃圾，下课后就会有人拿去倒掉。在诸如值日和上下楼之类的小事上，男生们总是礼让有余，大有"天塌下来我来顶"的豪气，他们甚至和每个迎面走过的低年级同学微笑着打招呼，表现出的谦谦绅士之风使我感到欣慰、喜悦又莫名心酸；女生们也更加善解人意了，讲桌上总被她们收拾得整齐洁净，我的水杯里总冒着氤氲的热气……

毕业典礼在"六一"儿童节这天举行。

主席台上是"校内桃李年年秀，园中红花朵朵香"的条幅背景，六百多名即将毕业的孩子们站在操场中间八个由鲜花编成的"我们毕业啦"几个大字的拱形门后。

全体毕业生的家长都来了，他们站在操场的跑道上，妈妈们打着太阳伞，爸爸们背着摄像机，更多的人拿着相机或手机不停地拍照。

毕业典礼开始了。

校长讲话之后，我作为老师代表走上主席台。望着台下朝夕相处了六年的学生，此刻，我觉得他们都是即将离开我怀抱的孩子，我的声音不由得哽咽了。

最精彩的环节是六百三十七名毕业生共同表演的大型诗朗诵《明天，我们毕业》。

这是一首全体毕业生集体创作的诗歌，饱含了对母校的深情。诗歌经过老师的整合定稿之后，由八个班分部练习，再在操场上集中整体排练。个别的段落由二十位领诵的学生表演或由全体毕业生齐声朗诵。朗诵的声音时而深情，时而激昂，时而振奋。毕业典礼在《友谊地久天长》的音乐声中进入尾声，气氛和情绪达到高潮，每一个驻足观望的老师和家长都为之动容。

典礼结束了，学生们一个个围着我合影。

晚上回到家，我的心情久久不能平静：这是八十个我带了六年的学生，是八十个我倾注了六年心血的孩子！打开电脑，邮箱里一封封学生发来的邮件表达着他们对我的爱戴和依恋。

一次次，我用手抹去不听话的眼泪，可它们却一次次模糊了屏幕上的字迹。怀着当年给女儿写第一封信时同样的感情，我在屏幕上打出了几个字。

几天之后，每个孩子的手中都有了一张彩色打印的毕业赠言卡片和一张光盘。光盘里，刻录着毕业典礼的实况以及六年来我给他们照的各种学习活动的照片，包括转走外校的几个学生，我也给他们每人留了一份。许多孩子接到手里时就哭了，一些家长陆续发来短信，向我表达感动和感激。

毕业赠言

亲爱的孩子们：

此时此刻的我既兴奋又伤感。兴奋的是你们终于完成小学的学业，就要迈进中学的门槛了；伤感，是因为你们即将离开母校，我们不能再朝夕相处！

整整六年的漫长时光啊！将近两千个日子！你们每个人都走进了我的记忆深处，老师真舍不得你们啊！我会记住与你们朝夕相处的每一个日子，也会记住与你们相处的每一个细节，将它们保存在记忆的最深处。

孩子们，在你们即将告别母校之时，老师有几句话想送给你们。

孩子们，母校会记住你们，老师们会一如既往地关注着你们的成长。希望你们在今后的学习和生活中，积极热情地对待生活、刻苦努力地搞好学习、谦虚恭敬地尊敬师长、真诚友善地对待同学，做一个诚实守信又富有爱心、奋发进取又脚踏实地、善于合作又谦虚谨慎的人！

最后，老师希望你们永远记住：六班是一个充满阳光、团结友爱的大家庭，你们是一群积极向上的阳光少年！对，记住我们的文学社、记住我们的《阳光少年报》、记住我们的班级博客圈、记住我们背《论语》的辛苦和收获、记住我们教室后面满墙壁的奖状……记住，我们的六班是一个市级"文明班级"、"书香班级"，记住我们师生间、同学间有着最纯、最真、最值得怀念的情谊！记住，我们是——永远的六班！

孩子们，请不要忘记常回母校来看看，这里永远是你们温馨的家！离开讲台，老师是你们永远的朋友！

　　再见了，我亲爱的孩子们！衷心地祝愿你们天天开心，天天进步！

老师　白惠珠
2009 年 6 月 25 日

感谢生活（代后记）

两年前的七月，在我的暑假开始的时候，女儿参加工作了。

一天，我整理出几本日记放在爱人面前："细细重温女儿的成长吧。"他拿起一本来翻翻又换另一本，然后惊讶地问我什么时候写的，又问我怎么会有这么多。我掩饰着内心的高兴"责怪"他："一些没什么价值的流水账罢了，所以这么多年也没引起你注意呗。"两个小时过去了，他拿着其中一本对正在洗衣服的我高兴地说："太珍贵了！如果你当初没记下来的话，这些事儿我都想不起来了。"尤其当他看到女儿上初中和高中时期的记录时，爱人更是感慨万千："多真实啊。学习目标、学习效率、偏科、逆反……很多中学生和家长天天遇到的都是这类问题，他们需要的就是这些东西！你应该整理一下，会受欢迎的。"

"写日记我倒是断断续续坚持了多年，也曾想过把这些资料整理一下，可我从没想过在人前炫耀啊。"

"权且算做对往事的集中回忆嘛。"他抬起头很认真地说，"你这里面涉及的孩子学习方面的问题、家长教育孩子方法不当的问题确实很有普遍性。你的这些经验和方法很有说服力，最关键的是，我觉得挺实用，操作性强。你发表的那篇《最浪漫的教师节》我看过，文笔平实，自然，生活化，家长们喜欢的就是这种不太理论化的、浅显易懂的文章。"

不光好学生是夸出来的，大人何尝不是如此？被他这一鼓励，我又跃跃欲试了，头脑中浮现出了一幅又一幅画面：女儿中招考入重点高中之后，很多学生家长向我请教家庭教育的方法：如何解决孩子粗心大意、效率低下的问题？怎么引导孩子排除电视、电脑的干扰？高考前女儿被保送至重点高校，我又接受了朋友和家长们的咨询和访问，他们问的最多的问题仍然是偏科、生活上互相攀比、早恋……

随着细节的具体，我的思路也越来越清晰了：写吧，如同在和朋友聊天、和家长交流、和学生谈心一样地写吧。

感谢生活（代后记）

于是，有了这些故事——我与女儿、与学生的教育故事。

此刻，当我完成了这份书稿时，心头思绪万千：

感谢命运，让我从事着我所热爱的职业。

感谢我的爱人，二十多年来，在他的配合与支持下，我们的女儿快乐、幸福、健康地长大。他似兄长，赛挚友，更像是老师。多年来，他始终在我不厌其烦地谈论学生的时候，充满兴趣地倾听并参与其中，他对我的这种"放任"与尊重令我享受和感激，还有很多时候，他的提醒、思路和建议对我的工作是一种帮助和推动。

感谢我的女儿，在养育她成长的二十四年当中，她让我享受到太多的快乐、幸福和满足，这些，比任何东西都宝贵。女儿成长，我也长——多年来，是女儿让我在不断的学习中感悟，又在感悟中不断进步和成长。这种感觉在她上初中和高中期间尤为明显，因为目睹了她的学习状态，经历了她改进学习方法和提高学习能力的过程，我感到自己作为家长需要完善和提高的地方还有很多。感谢女儿还有一个很重要的原因——她的成长为我教育学生带来了很多借鉴、启发与帮助。

感谢不断"怂恿"我写书的朋友和同事们。女儿白雪从小在他们的关注下成长，她们为女儿取得的每一次成绩感到高兴和真心祝贺的同时，总会向我"取经"："你怎么把女儿培养得那么优秀？""把你的经验写成一本'教女有方'的书让我们学习学习，否则就亏了你这又是妈妈又是老师的双重身份……"可以说，我是在她们时不时地督促下，才断断续续地记下了本书当中的一篇一章。朋友们，感谢你们给我的这份"压力"！

感谢与我相处了整整六年的学生们。至今，我还记得毕业后不久的那天傍晚，两个学生冒着倾盆大雨为我送来亲手制作的礼物；难忘毕业至今三年以来，孩子们在每年教师节从不同的中学回到母校看我，在操场上聊到很晚还不忍离去；一些家长在孩子毕业三年之后仍然对我信任有加，在孩子中招前报志愿时打电话向我征求意见；更不必说三年以来更多的孩子们每到期末考试后在第一时间给我报告考试成绩……他们的纯真和对老师的热爱，让我的生活更加丰富多彩，让我不断地感到我是多么幸福和快乐，也让我的生命更加有意义。

还要感谢祁宝珠大姐，多年来，她对我工作上的关心和激励使我的热情更加饱满。

尤其要感谢新教育改革发起人、全国人大常务委员、民进中央副主席、中国教育学会副会长朱永新教授。他在公务繁忙、活动频频的情况下，挤出时间读我的书稿并为之作序，他对我作品的肯定和评价使我深受鼓舞和感动。

书中所写的仅是我个人的从教心得，相信很多同事、同行和一些家长朋友都有自己独到的教育经验或感受。我希望借此书搭建互相交流的桥梁，与你互相学习、共同提高！

真诚地希望本书能对读者朋友们有所帮助，如果某个章节的某方面内容或某个教育细节对你有所启发，我便十分高兴！

读者朋友们若有意见反馈或需要进一步交流，欢迎通过邮箱与我联系。

邮箱：baihuizhu@126.com

祝孩子们快乐成长！

2012 年 8 月 28 日于郑州

图书在版编目（CIP）数据

让"中游"的学生游上来/白惠珠著. --北京：华夏出版社，2017.10
ISBN 978-7-5080- 9296-9

Ⅰ．①让… Ⅱ．①白… Ⅲ．①小学生－学习方法 Ⅳ．①G622.46

中国版本图书馆 CIP 数据核字（2017）第212277号

让"中游"的学生游上来

作　　者	白惠珠
责任编辑	高　苏

出版发行	华夏出版社
经　　销	新华书店
印　　刷	三河市少明印务有限公司
装　　订	三河市少明印务有限公司
版　　次	2017 年 10 月北京第 1 版 2017 年 10 月北京第 1 次印刷
开　　本	710×1000　1/16
印　　张	13.25
字　　数	200 千字
定　　价	35.00 元

华夏出版社 网址：www.hxph.com.cn　　地址：北京市东直门外香河园北里4号　　邮编：100028
若发现本版图书有印装质量问题，请与我社营销中心联系调换。电话：(010) 64663331（转）